אמונת ישראל

Emunat Jissra'el

Der Glaube Israels

Michaela Rychlá

Danksagungen

Unendlich bewegt und gerührt zu sehen, wie das Werk meiner letzten 12 Jahre konkrete Form annimmt, um den Dienst anzutreten, dem es zugedacht war, möchte ich mich von Herzen bei jenen Menschen bedanken, die mich in diesem meinen Vorhaben unterstützt und gestärkt haben.

Oft dachte ich, angesichts der großen Aufgabe resignieren zu müssen. In diesen Augenblicken waren es jene interessierten Anfragen meiner Bekannten und Freunde, die mir signalisierten, dass es einen Sinn habe, nicht zu verzagen.

Über lange Jahre hinweg fühle ich mich Frau Präsidentin Dr. h. c. Knobloch verbunden, die mich immer wieder ermutigte, an diesem Projekt weiterzuarbeiten. Ihr Wohlwollen war mir über lange Zeiträume eine wichtige Stütze. Seit Jahren begleitet sie die Entstehung und die Vollendung der so dringend benötigten Unterlagen mit dem ihr eigenen wachen Interesse. Dies war mir immer ein großer Ansporn.

Sehr herzlich danke ich Herrn R. Dr. Joel Berger, dem bekannten langjährigen Rabbiner und erfahrenen Lehrer der Gemeinde in Stuttgart, der diesem Werk durch sein Empfehlungsschreiben die Druckerlaubnis erteilt hat. Dies geschieht nach eingehender Überprüfung der traditionellen orthodoxen Kriterien.

Herr Prof. Dr. Krochmalnik von der Hochschule für Jüdische Studien in Heidelberg gab mir mit seinem Thesenpapier zum Religionsunterricht unserer Jugend den entscheidenden Impuls, das Buch zu erweitern und zu vervollständigen.

Besonders dankbar bin ich Herrn RA Brodski, dessen fachkundige und geduldige Beratung in sehr schweren Phasen des Projekts mir ein großes Maß an Unterstützung bedeutete. Seine Sachlichkeit und beruhigende Art half entscheidend, die langen und schweren Durststrecken des Vorhabens durchzustehen. Dr. Samuel Henn von der Universität zu Leipzig, der mir für mein Buch die schöne Grafik der Mondphasen im Kapitel über die Berechnung des Kalenders zur Verfügung gestellt hat, bin ich verbunden. Mein Dank gilt ferner meiner Freundin Marta Leah Vascotto-Philipson, die mich mit ihrem wertvollen Rat im Bereich des Verlagswesens und des Copyright beraten hat. Ebenfalls erwähnt mögen alle positiven Rückmeldungen von Schülern und Eltern sein, die meine Unterlagen bereits kennen und mit ihnen gelernt haben. Auch ihr Zuspruch hat mich über längere Durststrecken hindurch motiviert.

Ferner danke ich Frau Dr. Pester vom Hentrich & Hentrich Verlag Berlin, die mir als Verlegerin ihre Hand gereicht hat, um das Projekt nach langen Verzögerungen endlich fertigzustellen. Ebenfalls danke ich Sarah Pohl (Lektorat) und Michaela Weber (Grafik) sehr für ihre fleißige und fachkundige Mitarbeit bei der Vollendung dieses Buches.

Wie oft dachte ich bei der Arbeit am vorliegenden Material an meine beiden Töchter, die sich jahrelang so gewünscht haben, am Unterricht bei ihrer Mama teilnehmen zu können. Die ständig präsente Erinnerung an unsere gemeinsam verbrachten Feiertage begleitete jede Zeile des entstehenden Werkes. Ferner war es auch die Erinnerung an die zahllosen Unterrichtsstunden in Frankfurt, wo ich meinen zahlreichen geduldigen Schülern den gesamten Stoff Zeile für Zeile diktieren musste, weil es überhaupt nichts gab, wonach wir hätten lernen können. Was für ein Fortschritt für die Schüler von heute und morgen!

Und zu guter Letzt bleibt noch mein innigster Dank an *Jedid Nefesch*, den wahren Freund meiner Seele, der mich durch mein Leben hindurch trägt und mir in jeder Lebenslage beisteht. Ohne diese endlose Hilfe wären diese Lernmaterialien nie entstanden, denn meine Kräfte hätten nie gereicht.

München, kurz nach *Tu biSchwat 5776*

ב"ה

Stuttgart, 12. Adar/alef 5776

21. Februar 2016

Liebe Schülerinnen und Schüler,

liebe Eltern, verehrte Leser,

die Tora legt uns für alle Zeiten die wesentliche Aufgabe auf, für eine gute jüdische Erziehung unserer Kinder zu sorgen, um damit den Fortbestand unseres Volkes zu sichern. Die Bildung und die religiöse Unterweisung gehören seit jeher zu den großen Anliegen jüdischer Eltern, besonders in der Diaspora.

Lange Jahrzehnte nach der schweren Katastrophe, die unser Volk im letzten Jahrhundert getroffen hat, kämpften alle, Lehrer und Eltern, mit einem großen Mangel besonderer Art. Es gab eigentlich kaum brauchbare, den modernen pädagogischen Anforderungen entsprechende Unterrichtsmaterialien. Es mangelte an guten und ansprechenden Büchern für den jüdischen Religionsunterricht, der unsere Jugend an das Judentum fester binden und sie motivieren sollte, das große Erbe anzunehmen, um es später weiterzureichen.

Nun darf ich Ihnen allen die sehr erfreuliche Nachricht überbringen, dass uns die Neuerscheinung eines Buches vorliegt, das bereits in der ersten Ausgabe sehr gut angenommen wurde. Diese erweiterte und komplettierte 2. Ausgabe des Buches *Emunat Jissra'el* beinhaltet nicht nur den klassischen Wissensstoff, der zu lernen ist. Es sind die hebräischen Marginalien, die Aufgaben und Übungen, die Wissenskästen „Hast Du gewusst?" – und vor allem völlig neue, ausgewählte, thematisch passende Midraschim aus dem Schatz des nachbiblischen rabbinischen Schrifttums, die dieses Werk wertvoll und empfehlenswert machen. Durch schöne Abbildungen und gelungene optische Gestaltung wird jeder Leser eine Freude am Blättern und Lernen haben. Nicht nur Schüler – auch ihre Eltern sollen das Buch zur Hand nehmen, um Neues zu lernen oder Vergessenes wiederzuentdecken.

Das Buch wurde auf Halacha-gemäße Inhalte hin überprüft und entspricht der orthodoxen Tradition.

Möge dieses Buch uns nicht nur Wissen, sondern auch Freude und Segen bringen!

Rabbiner Dr. Joel Berger

Landesrabbiner von Württemberg a.D.

Vorwort von Charlotte Knobloch

Liebe Leser,

»die Welt besteht nur dank dem Atmen der Kinder in der Schule«, heißt es im Talmud. Michaela Rychlá hat es sich zur Lebensaufgabe gemacht, den Kindern und Jugendlichen – um im Bild zu bleiben – Luft und Sauerstoff zuzufächern. Selten bin ich in meinem Leben einem Menschen begegnet, der sich mit so viel Herzblut und Leidenschaft der Vermittlung der jüdischen Religion sowie der jüdischen Lebensweise und -weisheit verschrieben hat. Ich darf Michaela Rychlá nun schon seit vielen Jahrzehnten begleiten. Immer wieder ist es ein wundersamer Glücksmoment, wenn es ihr gelingt, ihren Schülerinnen und Schülern jenes besondere Strahlen der Erkenntnis ins Gesicht zu zaubern. Es gelingt ihr auf einzigartige Weise, ihren jungen wie auch älteren Zuhörer in den Bann der Weisheit zu ziehen und bei ihnen ungeahnten Wissensdurst sowie Lust am Lernen, am immer mehr Erfahren zu wecken. Denn je mehr man lernt, desto mehr wird einem bewusst, wie wenig man weiß und wie viel mehr man noch erfahren möchte. Dieser Erkenntnis und dem sich daraus ergebenden Bedürfnis hat sich Michaela Rychlá angenommen.

Für das hier vorliegende Lehrbuch hat sie über viele Jahre Fachmaterial zusammengetragen. Diese Stoffsammlung, ergänzt durch ihren singulären Erfahrungsschatz im Umgang mit der Materie und ihren Schülern, macht dieses Buch einzigartig. Ohne Übertreibung handelt es sich um einen Durchbruch für die Vermittlung des jüdischen Erbes an ein breites Publikum aus Schülern, Lehrern, Eltern und allen an jüdischer Religion Interessierten.

Von Generation zu Generation müssen Wissen und Weisheit weitergegeben werden. Ich wünsche mir, dass dieses Buch möglichst viele junge Menschen, aber ebenso Angehörige aller Generationen dazu anregt, mehr über das Judentum und das Leben an sich zu erfahren. Missverständnisse, Ressentiments, Klischees und Stigmata entstehen vor allem dort, wo Unwissenheit und Vorurteile herrschen. Nur wer bereit ist, den »Anderen«, das vermeintlich »Fremde«, kennenzulernen, zu entmystifizieren, ist imstande, zu erkennen, dass der »Andere« gar nicht so anders ist. Michaela Rychlá will nicht nur Wissen vermitteln. Sie will die Menschen einander näherbringen. Dieses Anliegen verfolgt sie nicht nur im Unterricht, sondern insbesondere auch in ihrem vielseitigen außerschulischen Engagement. Bei ihr lernt man nicht nur Fachwissen. Sie hilft Menschen, einander besser zu verstehen. Bei ihr konnte und kann auch ich immer wieder für das Leben lernen.

Einander kennen, einander verstehen – mehr von und übereinander wissen. Das bildet die Basis für das menschliche Zusammenleben in einer Gesellschaft. Ich wünsche mir, dass dieses Buch ein weiterer Schritt zu einem respektvollen und friedlichen Miteinander in unserem Gemeinwesen ist.

Ich danke Michaela Rychlá für ihre herausragende Arbeit über so viele Jahre. Ich danke ihr für ihren unermüdlichen Einsatz um die Wissensvermittlung und darum, Menschen zu versöhnen und sich einander anzunähern. Michaela Rychlá ist mit Leib und Seele eine unerschrockene Kämpferin für eine bessere Welt. Das bewundere ich. Möge dieses Buch ihre Überzeugung und ihren Elan auf viele Menschen überspringen lassen.

Allen Lesern wünsche ich eine anregende und ermutigende Lektüre.

Ihre
Charlotte Knobloch

1. Gebet als Ausdruck des Glaubens und der Identität

Der jüdische G"ttesdienst

חֻרְבַּן הַבַּיִת הַשֵּׁנִי

Nach dem *Churban haBajit haScheni*, der Zerstörung des Zweiten Tempels in Jerusalem am 9. Aw des Jahres 70 u. Z. durch die Römer unter der Führung von Titus, verlor der bis dahin praktizierte Tempelkult seine Wirkungsstätte und die Priesterschaft ihre alltägliche Tätigkeit am Tempel sowie ihre herausragende gesellschaftliche Stellung.

עַם יִשְׂרָאֵל

In der neuen, für *Am Jissra'el*, das Volk Israel, dramatischen Lage war es besonders notwendig, den bereits bestehenden Gebetsritus zu stärken und weltweit zu etablieren. Seit dieser Zeit ersetzt der häusliche koschere Tisch den Altar im Tempel und das Gebet die dargebrachten Opfer der Priester. Neben einer üblichen häuslichen Liturgie (Anordnung der Gebete und ritueller Handlungen) ist es die synagogale Liturgie, die bis heute und weltweit die Juden zusammenbringt und stärkt.

תּוֹרָה

In Anlehnung an die Zeiten der verschiedenen Opfer, die am Tempel nach den Geboten der *Tora* dargebracht wurden, gibt es folgende Zeiten des Gebets an den Wochentagen:

מַעֲרִיב
שַׁחֲרִית
מִנְחָה

Ma'ariw – das Abendgebet
Schacharit – das Morgengebet
Mincha – das Nachmittagsgebet.

Der Überlieferung zufolge gehen diese drei Gebetszeiten auf unsere Väter, die *Patriarchen Awraham, Jizchak weJa'akow*, zurück.

שַׁבָּת וְיוֹם טוֹב
מוּסָף
נְעִילָה

An jedem *Schabbat weJom tow*, Feiertag, gibt es noch das sogenannte Mittags-Zusatzgebet *Mussaf* zur Erinnerung daran, dass zur Zeit des Tempels auch an den *Schabbatot weJamim towim* ein zusätzliches Opfer dargebracht wurde. Am Jom Kippur wird noch die *Ne'ila*, das besondere Abschlussgebet des höchsten Feiertags, gebetet.

Die Reihenfolge der vier Gebetsordnungen am *Schabbat weJom tow ist* also wie folgt:

Ma'ariw – das Abendgebet
Schacharit – das Morgengebet
Mussaf – das Mittags-Zusatzgebet
Mincha – das Nachmittagsgebet.

Hast Du gewusst ...?
Das älteste erhaltene Gebetbuch ist der sogenannte *Machsor Vitry* aus dem 11. Jh., das aus Frankreich stammt. Sein Autor, Simcha ben Schmu'el aus Vitry, stellte in dem wertvollen Buch liturgische Regeln, Gebete mit Erklärung, Schriftlesungen für Feste, *Pirkej Awot* und eine große Anzahl an *Pijutim*, rabbinischen Dichtungen für Feiertage, zusammen.

Das *Schma Jissra'el*, das Glaubensbekenntnis des Judentums, wird gemäß der Weisung der *Tora* im *Sefer Dwarim*, dem 5. Buch Mose, *uwschochbecha uwkumecha* »wenn du dich niederlegst und wenn du aufstehst« am Abend und am Morgen, d.h. im *Ma'ariw* und im *Schacharit*, gebetet. Bevor das *Schma Jissra'el* rezitiert und gebetet wird, wird die Gemeinde der Betenden *Mitpalelim* durch den *Barchu*-Aufruf des Vorbeters zur besonderen Aufmerksamkeit aufgefordert.

שְׁמַע יִשְׂרָאֵל
וּבְשָׁכְבְּךָ וּבְקוּמֶךָ
מִתְפַּלְלִים
בָּרְכוּ

Das *Schma Jissra'el* ist durch *B'rachot*, Segenssprüche, umrahmt, die auch *Vor-B'rachot* und *Nach-B'rachot* genannt werden. Im Anschluss an den *Barchu*-Teil wird das eigentliche Zentralgebet des G"ttesdienstes, die *Amida*, gebetet. Der Name leitet sich von der hebräischen Wortwurzel *amad* – stehen – ab und gibt so an, dass wir während des Betens der *Amida* stehen. Dieses Zentralgebet ist so wichtig, dass es im *Talmud* mit dem Wort *T'fila*, Gebet, bezeichnet wird, es ist sozusagen das jüdische Gebet. Es hat an Werktagen noch einen anderen Namen, *Schmone essre*, das sogenannte Achtzehngebet, und zwar deshalb, weil es ursprünglich 18 *B'rachot*, Segenssprüche, hatte. Als aber später während der Verfolgung und der Ketzerbewegungen die Weisen noch einen Segensspruch hinzugefügt hatten, erhöhte sich die Anzahl der *B'rachot* auf 19, der Name *Schmone essre*, das Achtzehngebet, ist jedoch geblieben. *Schmone essre* besteht aus drei Teilen:

בְּרָכוֹת
עֲמִידָה
תַּלְמוּד תְּפִלָּה
שְׁמוֹנֶה עֶשְׂרֵה

3 Lob – B'rachot
13 Bittgebete (alle Anliegen und Sorgen Israels)
3 Dank – B'rachot.

Die Dreiteilung erklären unsere Weisen damit, dass der Betende, bevor er sein Anliegen (Bittgebete) an den himmlischen König richten darf, Seine Güte und Gnade lobt und preist. Nachdem der Betende seine Nöte und die des Volkes Israel *HaSchem* vortragen durfte, dankt er wieder.

הַשֵּׁם

בְּרָכָה

תְּפִלַּת שֶׁבַע

Das *Schmone essre*, das vollständige Achtzehngebet, wird nur an Werktagen gebetet. Die Not und das Leid werden an *Schabbat weJom tow* nicht erwähnt, denn diese Tage sind Tage der Freude, der Dankbarkeit und der Hoffnung. Deshalb entfallen die 13 Bittgebete und werden mit einer besonderen *B'racha* zu Ehren des *Schabbat* oder *Jom tow* ersetzt.

Somit hat die *Amida* der Feiertage 7 (und nicht 19 wie an Wochentagen) *B'rachot* und heißt *T'filat schewa*, das Siebentgebet:

3 Lob – B'rachot

1 Schabbat oder Jom tow – B'racha

3 Dank – B'rachot.

Hast Du gewusst …?

Das *Schmone-essre-Gebet* und *T'filot* für *Schabbat weJom tow* führte bereits Rabban Gamli'el II. ein, auch Beribi genannt (2. Hälfte des 1. Jh. u. Z. – ca. 114 u. Z.). Er leitete das neu entstandene Lehrhaus in Jawne, das er von Jochanan ben Sakaj übernahm. Er führte die Lehrtradition des berühmten Hillel des Älteren ein. Durch Jawne gewann das jüdische Gebet enorm an Wichtigkeit. So wurde das Judentum nach dem Fall des Zweiten Tempels gerettet.

אָמֵן

הַקָּדוֹשׁ בָּרוּךְ הוּא

Die *Amida* wird zunächst leise gebetet – jeder für sich selbst. Danach wird sie laut vom Vorbeter wiederholt. Dies wurde von den Weisen deshalb angeordnet, damit auch die Juden, die nicht beten können (weil sie etwa nicht gelernt haben zu lesen, weil sie zu arm waren, einen Lehrer zu bezahlen), ihre Pflicht des Betens erfüllen. Wenn sie aufmerksam zuhören und laut nach Abschluss eines jeden Segensspruchs *Amen* sagen, haben sie ihre Pflicht erfüllt. Darin zeigt sich die jüdische Solidarität untereinander – alle sollen den Geboten der *Tora* nachgehen können und diejenigen, die mehr wissen, haben Verantwortung für ihre Brüder und Schwestern, die nicht so viel lernen konnten. Alle Juden sind vor *HaKadosch baruch Hu* gleich und gleich wichtig.

In einer Gebetsordnung, *Ma'ariw*, dem Abendgebet, wird die *Amida* nicht laut wiederholt, sondern nur einmal leise gebetet. Das ist aus dem Grund, weil am Tempel abends keine Opfer dargebracht wurden, sodass das Gebet nicht zwingend für alle laut wiederholt werden muss.

Rabban Gamli'el miJawne sagt, man bete jeden Tag das Achtzehngebet. Was heißt ›Auszug des Achtzehngebetes‹? Raw sagt, etwas aus jedem Segensspruche [Beginn oder Schluss der Bitt-*B'rachot,* Anm. d. Verf.], und Schmu'el sagt folgendes: »Mache uns verständig, o Herr, unser G"tt, Deine Wege zu erkennen. Beschneide unser Herz, dich zu fürchten. Vergib uns, auf dass wir erlöst werden. Halte uns von unseren Schmerzen fern. Sättige uns auf den Auen Deines Landes. Unsere Zerstreuung sammle aus den vier Weltenden. Irrende lasse nach Deinem Sinne richten. Über die Frevler erhebe Deine Hand. Die Gerechten mögen sich erfreuen an dem Aufbau Deiner Stadt, an der Herstellung Deines Tempels, an dem Erblühen des Glanzes Deines Knechtes David und an der Aufrichtung einer Leuchte für den Sohn Jischajs, Deines Gesalbten. Ehe wir noch rufen, antworte Du. Gepriesen seist Du, o Herr, der das Gebet erhört.« **bTber 29a**

Sehr bekannt sind die Vor- und Nach-*B'racha,* die ein Aufgerufener bei der *Alija laTora* spricht. Jeder *Bar-Mizwa* spürt die Ehrfurcht, mit der er diesen Segensspruch bei seinem ersten festlichen Aufruf gesprochen hat! Diese *B'rachot* wie jene, die vor und nach der Prophetenlesung *Haftara* gesagt werden, stehen im *Siddur* auf S. 384 und 390–392.

עֲלִיָּה לַתּוֹרָה

הַפְטָרָה

Es gibt noch besondere Segenssprüche, die wir zum Teil im *Siddur* auf S. 124–126 sehen. Es sind *B'rachot* bei unserer Wahrnehmung von besonderen Schöpfungsereignissen oder Naturgewalten (hohe Berge, große Flüsse, Sturm, Erdbeben, Anblick des Meeres, des Regenbogens und des ersten blühenden Baumes).

Vor allem in Deutschland erfüllt es uns mit einem Gefühl der Rührung, wenn es uns vergönnt wird, bei der Einweihung einer wiedererstandenen Synagoge den dafür vorgesehenen Segensspruch (S. 126) zu sprechen, wie etwa in München bei der Einweihung der neuen Synagoge am Jakobsplatz im Jahre 2006. Auch in anderen deutschen Städten, in denen neue Synagogen wieder aufgebaut wurden, wurde diese *B'racha* rezitiert.

Wie sehr uns die Segenssprüche begleiten, sieht man an der *B'racha* beim Hören einer guten Nachricht, wie auch – mögen wir verschont bleiben! – beim Hören einer schlechten Nachricht, S. 126. Auf das *Gomel-Bentsch'n* nach der Errettung aus der Gefahr werden wir noch später kommen. Auch das *Birkat Horim,* der Segen der Eltern (auch *Birkat haBanim* genannt) vor *Schabbat* und Feiertag, S. 268, oder das *Duchenen* der Priester, *Birkat Kohanim,* an Feiertagen zeigt uns, welche Macht die jüdische Tradition in den Segenssprüchen sieht. Es gilt als wünschenswert, täglich 100 Segenssprüche zu sagen.

גומל בענטשן

בִּרְכַּת הַבָּנִים

בִּרְכַּת כֹּהֲנִים

Traditionell ist es unsere Pflicht, dem Rezitieren oder Singen der *B'rachot* aufmerksam zuzuhören. Während eine Person, oft der Großvater oder Vater, den Segensspruch sagt, beantworten ihn die Anwesenden mit einem hörbaren *Amen,* wodurch sie alle ihre Pflicht erfüllt haben. Alle zusammen haben Anteil genommen, haben gelobt und gedankt.

אָמֵן

Die jüdische Welt könnte ohne ihre Segenssprüche nicht bestehen. Die *B'rachot* zeugen von der innigen Verbindung des jüdischen Menschen zu seinem Schöpfer und spiegeln seine tiefe Dankbarkeit wider, ein Juwel unter den Charaktereigenschaften, die wir haben sollten.

Aufgaben und Übungen

1. Welche *Birchot Mizwa* kennst Du von zu Hause und aus der Synagoge? Zähle sie auf und mache Dir darüber eine schriftliche Notiz. Suche aus den anderen, noch unbekannten, einige zum Lernen aus.

2. Stell Dir vor, Du bist im Rabbinat und bekommst ein Glas Cola angeboten. Welchen Segensspruch musst Du sagen? Und was sagst Du, wenn man Dir ein Stück Kuchen oder Kekse anbietet?

3. Überlege, bei welchen Feiertagen noch andere Speisen als Wein und Brot im *Kiddusch* gesegnet und gegessen werden?

4. Welche drei *B'rachot* für den *Kiddusch* müssen wir alle auswendig sagen können? Welche besondere Regel gilt dabei noch?

5. Was genau sagt man über das Kerzenzünden am *Schabbat?* Und was am Feiertag? Wie ist es, wenn ein Feiertag auf den *Schabbat* fällt? Besonders alle Schüler, also unsere Männer!, sollen laut üben! Übrigens – wann zünden eigentlich Männer die Kerzen? Warum ist dem so?

Die Frucht des Weinstocks ist ein Symbol des Segens.

Kabbalat Schabbat

Ein ganz besonderes, herzergreifendes Gebet zu Beginn des *Schabbats* ist das *Kabbalat Schabbat,* »Willkommen-Gebet«, das nach dem *Mincha*-Gebet des endenden Freitags (Wochentags) und vor dem *Ma'ariw*-Gebet des *Schabbats* gebetet wird.

קַבָּלַת שַׁבָּת

Hast Du gewusst ...?

Eigentlich ist das hebräische Wort ***Schabbat* weiblich,** wie eine echte Königin. Da aber der Duden, die Autorität auf dem Gebiet der deutschen Sprache, von *»dem Schabbat«* spricht, bleibt für die deutsche Version der *Schabbat* männlich.

Diese Hinzufügung des *Siddur* hat ihren Ursprung in der Gebetstradition der ursprünglich aus Spanien stammenden Kabbalisten, die vor allem im 16. Jh. im nordisraelischen Galiläa und insbesondere in der Stadt *Z'fat* gelebt und gewirkt haben. Diese Gelehrten beschäftigten sich mit dem Talmud und den mystischen Schriften, um Antworten auf dringende Fragen zu suchen, z.B. wollten sie den tieferen Sinn des Leidens, der Vertreibung und der Gefahren im jüdischen Leben verstehen.

Zu Ehren der *Schabbat haMalka,* der Königin *Schabbat,* sind diese Mystiker vor Beginn des *Schabbats* auf die Felder und Apfelbaumhaine vor der Stadt gegangen und haben feierlich mit Gesängen und Gebeten ihre Königin *Schabbat* empfangen und bis in ihre Bethäuser begleitet. Dieser Brauch hat im Verlauf der Zeit in Europa und der ganzen Welt, besonders der chassidischen Gemeinde so gut gefallen, dass wir heute weltweit in den *Siddurim* dieses *Kabbalat-Schabbat*-Gebet vorfinden und in unseren Synagogen beten.

Traditionelle *Schabbat*-Leuchter mit brennenden Kerzen.

תְּהִלִּים

Wie die Struktur der *Amida* ist auch dieses kabbalistische Gebet dreigeteilt. Zu Beginn des *Kabbalat Schabbat* werden sechs *Tehilim,* Psalmen, des Königs David gebetet, die an die sechs Tage der Schöpfung und die sechs Tage der Arbeit erinnern. Eine Besonderheit stellt der letzte, sechste Psalm *Teh.* 29 dar: Im Text wird 18 Mal der Name des Ewigen genannt – in Erinnerung an das *Schmone essre*-Gebet, das stehend gebetet wird, ist es vielerorts Brauch, vor Beginn des Psalms 29 aufzustehen.

לְכָה דוֹדִי
שַׁבָּת הַמַּלְכָּה

Der zweite Grund für das Aufstehen liegt darin, dass im mittleren Teil des *Kabbalat Schabbat,* der nach diesem Psalm folgt, *Lecha Dodi,* die weltweit bekannte Hymne zu Ehren der *Schabbat haMalka,* gesungen wird. Die Königin *Schabbat* wird als Braut bezeichnet, der die Beter entgegengehen und sie feierlich empfangen wollen. In der letzten Strophe der Hymne verbeugen wir uns in Richtung des Synagogeneingangs und begrüßen damit symbolisch *Schabbat haMalka,* unseren höchsten Gast.

Ein typisch kabbalistisches Merkmal dieser Hymne ist der im Akronym versteckte Namen des Verfassers: Die ersten Buchstaben einer jeden Strophe ergeben zusammen – von oben nach unten gelesen – *»Schlomo haLevi«,* den Vornamen des berühmten Kabbalisten R. Schlomo haLevi Alkabez (ca. 1505–1576), des Autors der Dichtung.

Im dritten Teil des *Kabbalat Schabbat* werden noch zwei weitere Psalmen rezitiert, deren Inhalt die Schönheit des *Schabbats* sowie die Herrschaft des Ewigen sind.

קַדִּישׁ

Diesem gefühlsbetonten Gebet folgt das *Kaddisch;* danach eröffnet der *Barchu*-Aufruf den *Ma'ariw schel Schabbat,* das Abendgebet.

Aufgaben und Übungen

1. Ordne die 6 Psalmen den Tagen zu. Nenne dabei die Nummer der jeweiligen Psalmen.

2. Suche im Psalm 29 die achtzehnmalige Nennung des Namens G"ttes und erkläre die Bedeutung dieser Zahl.

3. Finde den Namen des Autors im *Lecha Dodi* heraus. Die fettgedruckten Buchstaben werden Dir dabei helfen.

Ma'ariw schel Schabbat weJom tow

Ma'ariw, das Abendgebet vom *Schabbat* und Feiertag, strömt immer eine wunderbare Stimmung aus – die Hektik und Anspannung des Alltags ist vorbei, die herbeigesehnte Ruhe und Freude des Tages kehrt mit *Hadlakat haNerot*, dem Kerzenzünden, ein. הַדְלָקַת הַנֵּרוֹת

Voller Freude begeben wir uns zum Beten in die Synagoge, die wie das jüdische Haus ebenfalls im strahlenden Licht der beiden *Schabbat*- oder Feiertagskerzen eine feierliche Atmosphäre ausstrahlt.

Die zwei Kerzen erinnern an die zwei Worte der *Tora*, die den *Schabbat* als den höchsten Feiertag dem Volk Israel auferlegen: Die erste Kerze steht für das Wort *sachor* (gedenke – des *Schabbat*tages, ihn zu heiligen), das erste Wort des 4. Gebotes aus den *Asseret haDibrot*, den Zehn Geboten, die sich im 20. Kapitel des 2. Buches Mose *Sch'mot* befinden. Die zweite Kerze steht für das Wort *schamor* (hüte – den *Schabbat*tag) aus *D'warim*, dem 5. Buch Mose, der Wiederholung des Dekalogs. Traditionell ist es seit jeher die Aufgabe der Frauen, die Kerzenlichter zu zünden. זָכוֹר עֲשֶׂרֶת הַדִּבְּרוֹת שָׁמוֹר

Weil *Chawa*, Eva, im *Gan Eden*, Paradies, auf die Schlange gehört, von der verbotenen Frucht gegessen und zum Essen der Frucht auch ihren Mann Adam verführt hatte, erlosch den Menschen das Licht der Glückseligkeit. Die ersten Menschen mussten *Gan Eden* verlassen und tragen seitdem ihr schweres Schicksal auf Erden. Um ihre Schuld wieder gutzumachen, ist es die Pflicht der Frau, das Licht in die Welt durch das Lichterzünden zurückzubringen. Deshalb ist es die ehrenvolle *Mizwa* einer jeden jüdischen Frau, *lichwod Schabbat weJom tow*, zu Ehren des *Schabbats* und des Feiertags, jeweils mindestens zwei Kerzen anzuzünden. גַּן עֵדֶן לִכְבוֹד שַׁבָּת וְיוֹם טוֹב

Ist keine Frau im Hause, so muss auch der Mann die *Nerot schel Schabbat weJom tow* zünden. Das *Schabbat*- und Feiertagslicht verleiht dem Gebet eine besondere Festlichkeit. נֵרוֹת שֶׁל שַׁבָּת וְיוֹם טוֹב

Zu Beginn des *Ma'ariw* erklingt, vom Kantor feierlich vorgetragen, der sogenannte *Barchu*-Aufruf, bei dem sich sowohl der *Chasan*, Kantor, als auch die *Mitpalelim*, Betenden, verbeugen. Die folgenden zwei *B'rachot* leiten das *Schma Jissra'el* ein. Der erste Segensspruch besingt *HaSchem* als den Herrn des Weltalls und der Tageszeiten, der zweite bringt die unendliche Liebe des Ewigen Seinem Volk gegenüber zum Ausdruck. חַזָּן

כַּוָּנָה

מִי כָמֹכָה בָּאֵלִם יי

יְרוּשָׁלַיִם

Das Glaubensbekenntnis *Schma Jissra'el,* das aus drei Teilen besteht, bildet einen wichtigen Höhepunkt des G"ttesdienstes; der Text muss mit großer *Kawana,* Andacht, gebetet werden. Die zwei folgenden Nach-*B'rachot* beenden den *Barchu*-Teil; die erste erwähnt die Wundertaten des Ewigen beim Auszug aus Ägypten – besonders der Teil *Mi chamocha baElim HaSchem,* wer ist unter den Mächtigen wie Du, Ewiger. Die zweite ist die Bitte um Schutz und Frieden für uns und die heilige Stadt *Jeruschalajim,* Jerusalem.

וְשָׁמְרוּ

בְּנֵי יִשְׂרָאֵל

Alle erheben sich, wenn *Wescham'ru,* der Aufruf an das Volk erklingt, den *Schabbat* als Zeichen des ewigen Bundes zwischen *HaSchem* und *Bnej Jissra'el* zu halten. Nach dem Halb-*Kaddisch* wird die siebenteilige *Schabbat-Amida* leise gebetet.

Nach den ersten drei Lob-*B'rachot,* die mit den ersten drei des *Schmone essre* gleich sind, wird in der Mitte des vierten Segensspruchs der *Schabbat*-Text aus der Schöpfungsgeschichte gebetet, der in *Bereschit,* dem Buch Genesis, Kapitel 2, Verse 1–3 steht; es ist gleichzeitig der bekannte Text des *Kiddusch,* des Segens über Wein.

וַיְכֻלּוּ הַשָּׁמַיִם

Die letzten drei Dank-*B'rachot,* ebenfalls identisch mit den letzten drei aus dem Achtzehngebet, schließen die siebenteilige *Schabbat-Amida* ab. Weil zur Tempelzeit am Abend keine Opfer dargebracht wurden, wird die *Amida* im *Ma'ariw* nicht vom Kantor laut wiederholt. Stattdessen singen alle das *Wajchulu haSchamajim,* den mittleren Teil des 4. Segensspruchs, der *Schabbat-B'racha* über die Vollendung der Schöpfung.

בַּמֶּה מַדְלִיקִין

עָלֵינוּ לְשַׁבֵּחַ

Nach dem Abschluss des *Ma'ariw* wird *Kaddisch* gesprochen. Mancherorts lesen die Betenden ferner den Abschnitt *Bame madlikin* aus der *Mischna* über das richtige Lichterzünden. Am Ende wird das *Alejnu leschabe'ach,* An uns ist es, den Herrn des Alls zu preisen, gebetet, oft auch gesungen, das Abschlussgebet, das auch als das zweite Glaubensbekenntnis bezeichnet wird.

אֲדוֹן עוֹלָם

Noch einmal erklingt das *Kaddisch*-Gebet der Trauernden. In vielen Gemeinden singt man abschließend *Adon Olam,* eine Hymne, die den Herrn der Welt und Seine Allmacht preist.

שָׁלוֹם עֲלֵיכֶם

Wenn in der Synagoge *Kiddusch* gefeiert wird oder sonst nach der Ankunft zu Hause, singt die ganze anwesende Gemeinschaft *Schalom alejchem,* das Friedenslied zu Ehren der Engel, die nach einer Legende den betenden Menschen am *Schabbat* begleiten. Zu Hause werden dann die Kinder vom Vater, in einigen Familien auch von der Mutter durch das *Birkat haBanim* gesegnet, dessen Hauptteil der sogenannte Aronitische Segen bildet. Zu Ehren der tüchtigen Hausfrau und Mutter wird von den Männern *Eschet*

Der *Kiddusch* am Abend ist der erste Höhepunkt des *Schabbats* in der Familie.

chajil, ein Loblied des *Schlomo haMelech,* Königs Salomo, am Ende des Buches *Mischlei* gesungen.

אֵשֶׁת חַיִל
שְׁלֹמֹה הַמֶּלֶךְ

Danach werden in Erinnerung an den Tempeldienst der Wein und das Brot gesegnet – in der *Kiddusch*-Zeremonie, die die feierliche Mahlzeit eröffnet. In vielen Familien wird ein alter *Minhag* befolgt, die schönen *S'mirot schel Schabbat,* Lobgesänge zu Ehren des *Schabbats,* zu singen. Nach der Mahlzeit wird noch das *Birkat haMason,* das traditionelle Tischgebet, gebetet bzw. gesungen, um dem Ewigen für all Seine Güte zu danken.

מִנְהָג
זְמִירוֹת שֶׁל שַׁבָּת

Die Krone der Schöpfung, *Schabbat haMalka,* ist gekommen und mit ihr die Ruhe, die Dankbarkeit und das Glück.

Aufgaben und Übungen

1. Schlage im Siddur das Lichterzünden auf S. 218 auf. Schaue Dir besonders die Segenssprüche für Feiertage im grauen Kasten an!

2. Auf der S. 236 ff. befindet sich das Abendgebet. Überprüfe, ob das *Schma* durch jeweils zwei Vor- und Nach-*B'rachot* eingerahmt wird! Wie heißen die einzelnen *B'rachot*?

3. Schaue Dir *Eschet chajil* (S. 270) und *Kiddusch* (S. 272) genau an. Was fällt Dir beim ersten Text optisch auf? Stelle fest, für welche Feiertage ein besonderer *Kiddusch* im *Siddur* angegeben ist.

4. Unter den traditionellen schönen *Schabbat*-Gesängen ist besonders *Ja Ribon Olam* bekannt. Sieh Dir den Text auf S. 290 an. Welches Wort ergibt das Akronym?

Schacharit schel Schabbat weJom tow und *Mussaf*

Das Morgengebet am *Schabbat* und Feiertag ist der wohl wesentlichste G"ttesdienst der ganzen jüdischen Woche und des Kalenders, befolgt und abgeschlossen durch *Mussaf,* das Zusatzgebet. Eine grobe Strukturierung ergibt – wie üblich – eine Dreiteilung:

Schacharit – das Morgengebet mit dem *Schma* und der *Amida*

קְרִיאַת הַתּוֹרָה

Kriat haTora – die *Tora*lesung und die *Haftara* (Prophetenlesung)

Mussaf – bestehend aus der *Amida* und einigen Abschlussgebeten.

פְּסוּקֵי דְזִמְרָה

פִּיּוּטִים

Der *Schacharit* ist ebenfalls dreiteilig und beinhaltet zu Beginn *Pessukej deSimra,* Lobgesänge zu Ehren des Ewigen. Zu einem großen Teil sind es *Tehilim,* Psalmen des Königs David, und andere Lobgesänge, rabbinische Dichtungen *Pijutim,* die die Herrlichkeit, Macht, Güte und Treue des *HaKadosch Baruch Hu* besingen und preisen.

Wie im *Ma'ariw* wird durch den *Barchu*-Aufruf der mittlere Teil des *Schacharit* eingeleitet; auch hier ist, gemäß der Weisung, es am Morgen zu beten, das *Schma Jissra'el* in Vor- und Nach-*B'rachot* eingebettet. Den letzten, dritten Teil des *Schacharit* bildet die siebenteilige *Amida*, die nach der Beendigung des leisen Betens der *Mitpalelim*, der Betenden, vom *Chasan*, Kantor, für alle laut wiederholt wird.

קְדֻשָּׁה

קָדוֹשׁ קָדוֹשׁ קָדוֹשׁ

Eine hervorgehobene Stellung hat dabei die sogenannte *Keduscha*, die Heiligung des g"ttlichen Namens, bei der alle stehen. Bei den zentralen Worten *Kadosch, Kadosch, Kadosch*, Heilig, Heilig, Heilig, ist es Brauch, dreimal auf die Fußspitzen zu treten und sich somit G"tt entgegen zu heben, denn einer Erklärung der Weisen zufolge singen diese Worte des Lobes die Engel zu Ehren G"ttes und steigen durch ihren Flügelschlag zu ihrem Schöpfer empor. Auch wir sollen bei diesen Worten unser Herz zu G"tt emporheben und deuten dies mit dem kurzen Stehen auf den Fußspitzen an.

Hast Du gewusst ...?

Der berühmte ***Kadosch*-Satz** mit der dreimaligen Verkündung der Heiligkeit des Ewigen der (Engel-)Scharen stammt aus den ersten Versen des 6. Kapitels der Propheten-Schrift des *Jeschajahu haNawi*, über den wir später noch mehr lernen werden.

So wichtig ist diese Anbetung des Allmächtigen, dass sie in einer sehr ausführlichen Form am *Jom Kippur* vor der *Keduscha* in der Wiederholung der *Amida* vorkommt. Wörtlich heißt es: ***Serafim* stehen in der Höhe um Ihn.** Sechs Flügel, sechs Flügel hat jeder. Mit zweien bedeckt er sein Angesicht. Und mit zweien bedeckt er seine Füsse. Mit zweien fliegt er. Und einer ruft dem anderen zu und spricht: Heilig, heilig, heilig ist der Ewige der Heerscharen! Erfüllt ist die ganze Erde von Seiner Herrlichkeit. (*Machsor Schma Kolenu,* so etwa S. 391–393 *Schacharit*, S. 623–625 *Mussaf*, S. 823–825 *Mincha*). Dieser *Passuk* wird am größten Tage des Jahres zu *Mincha*-Zeit mit folgender Bitte beendet:

So steige denn die Heiligung zu Dir empor, denn Du, unser G"tt, bist König, verzeihend und vergebend!

Wie schon in der *Amida* im *Ma'ariw* am *Schabbat* und Feiertag ist die mittlere, vierte *B'racha* entweder dem *Schabbat* oder dem Feiertag gewidmet; die ersten drei und die letzten drei Segenssprüche sind immer mit den ersten und letzten drei *B'rachot* des Achtzehngebetes vom Wochentag identisch, d.h., diese Lob- und Dank- *B'rachot* verändern sich nie, so wie auch wir *HaSchem* immer loben und Ihm immer danken sollen.

In der *Amida schel Schacharit* hören wir in der Mitte des 4. Segensspruchs das bekannte *Wescham'ru,* das viele von uns vom zweiten *Kiddusch* kennen.

Kriat haTora – die *Tora*lesung, bildet, wie man schon an der Stellung sieht, den Mittelpunkt des G"ttesdienstes.

Die Verkündung des Wortes des Ewigen, der Gebote und der Geschichte des jüdischen Volkes sind in jeder Generation und bis ans Ende aller Zeiten von besonderer Wichtigkeit. Ohne dieses geistige Erbe, *haTora,* könnte *Am Jissra'el* nicht existieren. Deshalb ist es nicht nur unsere Pflicht, sondern auch eine große Ehre für uns, anwesend zu sein und die Lesung mit großer *Kawana,* Andacht, aufmerksam zu verfolgen.

קְהִלָּה אֲרוֹן הַקֹּדֶשׁ

רִמּוֹנִים

כֶּתֶר תּוֹרָה

Zunächst wird die *Sefer haTora, Tora*-Rolle, von angesehenen Männern der *Kehila,* Gemeinde, aus dem *Aron haKodesch, Tora*-Schrein, feierlich herausgeholt. Meist ist es der Kantor, der die *Tora*-Rolle im Arm hält. Das Kostbarste, was wir kennen und was wir haben, wird wahrhaft königlich geschmückt: Mit einem Samtkleid bedeckt, auf den beiden Holzstäben entweder zwei *Rimonim,* Schmuckaufsätze, aus silberner, oft sehr wertvoller Juwelierarbeit oder *Keter Tora,* eine silberne *Tora*-Krone, die die königliche Würde der *Tora* zeigt.

שְׁנֵי לוּחוֹת הַבְּרִית

מָגֵן דָּוִד

תְּנַ"ךְ

חֹשֶׁן

יָד

Auf dem Samtmantel sind schöne, wertvolle Stickereien mit Löwen (Symbol des Stammes Juda), mit *Schnej Luchot haBrit,* den Zwei Gesetzestafeln, *Magen David,* dem Davidstern, oder einem Spruch aus dem *TaNa"CH,* der jüdischen Bibel. Über dem Samtkleid hängt *Choschen,* das *Tora*-Schild, mit Verzierungen und Inschriften sowie das *Jad,* die silberne oder hölzerne Lese-Hand, mit deren Hilfe aus der *Tora* gelesen wird, weil die Berührung der Schriftrolle mit bloßer Hand nicht erlaubt ist.

Die *Mincha* wird durch das *Aschrej* eröffnet, das berühmte dreigeteilte Psalm-Gebet, dessen Mitte der Psalm 145 bildet. Wie wichtig dieser Text ist, zeigt sich bereits an der *Alef-Bet*-Anordnung. Auffällig jedoch ist, dass der Buchstabe *Nun* fehlt. Unsere Weisen, ihr Andenken sei uns zum Segen, erklären dies damit, dass dieser Buchstabe eine negative Bedeutung habe: Der Prophet *Amos* beklagt das Schicksal Israels mit den Worten *nafla Betulat Jissraels* »gefallen ist die Jungfrau Jissra'el«, was an die Sünden des Volkes, besonders aber an den Götzendienst vor dem Fall des Ersten Tempels erinnert. Um aber den fehlenden Buchstaben doch – und sogar mit einer positiven Bedeutung – zu lesen, wird das *Nun* in der folgenden *Ssamech*-Zeile eingefügt: Dort lesen wir, dass die Fallenden *haNoflim* von *HaSchem* gestützt werden. Dadurch wird der negative Sinn in einen positiven verwandelt.

אַשְׁרֵי

נָפְלָה בְּתוּלַת יִשְׂרָאֵל

הַנֹּפְלִים

Diese großartige Dichtung lobt und beschreibt die große Güte des Ewigen, Seine Barmherzigkeit und Geduld. Der *Pe*-Satz *pote'ach et Jadecha* zeugt von der großen Fürsorge G"ttes für die ganze Schöpfung und ist in den Augen der Gelehrten *ChaSa"L* derart bedeutend, dass er erstens am Ende von *Birkat haMason*, des Tischgebets, eingefügt wurde, und ferner deshalb das ganze *Aschrej* dreimal am Tage gebetet wird, um an diese Eigenschaft des Ewigen, ohne die wir wohl nicht existieren würden, zu erinnern und sie stets dankbar vor Augen zu haben.

פּוֹתֵחַ אֶת יָדֶךָ

»Du öffnest Deine Hand und sättigst das Verlangen aller Lebenden«. Die Sieben Arten Israels zeugen von der Güte des Schöpfers und führen uns zur Dankbarkeit.

וּבָא לְצִיּוֹן גּוֹאֵל

חֲזָרַת הַשַּׁ״ץ

Das nächste bedeutende Gebet der *Mincha* am *Schabbat* (nicht am Wochentage) ist *Uwa leZijon Go'el,* ein erhebender Text mit der festen Zusicherung des Kommens des Erlösers und der Festigkeit des Bundes mit dem Ewigen sowie Ausdruck unserer Hoffnung auf den g"ttlichen Segen und Schutz. In diesem Text sind die Hauptelemente der *Keduscha* integriert, die bei der lauten Wiederholung der *Amida Chasarat haSCHa"Z* durch den Kantor von der Gemeinde laut gebetet werden. Im *Siddur Schma Kolenu* finden wir sie auf S. 446 durch Fettdruck hervorgehoben. Sie betonen unsere Überzeugung von der Heiligkeit des Ewigen Israels und von Seiner gesegneten ewigen Herrschaft.

כֹּהֵן לֵוִי יִשְׂרָאֵל

Nach dem folgenden Halb-*Kaddisch* wird die *Tora*-Rolle ausgehoben und zur *Bima* getragen. Drei Männer werden aufgerufen, wie gewohnt in der Reihenfolge *Kohen, Levi, Jissra'el,* um von der *Tora*-Wochenlesung des kommenden *Schabbats* lesen zu lassen. Die verkürzten Lesungen befinden sich im *Siddur Schma Kolenu* auf S. 638–679.

Nach dem Einheben der *Tora* und dem Halb-*Kaddisch* folgt auf S. 460 die siebenteilige *Amida schel Schabbat Mincha,* die uns bekannte *T'filat schewa.* Nach der lauten Wiederholung der *Amida* durch den Kantor und dem Ganz-*Kaddisch* wird noch *Alejnu leschabe'ach* gebetet – wie immer zum Abschluss einer ganzen Gebetsordnung.

שִׁירֵי הַמַּעֲלוֹת

סֻכּוֹת פֶּסַח

פִּרְקֵי אָבוֹת

זִכְרוֹנָם לִבְרָכָה

Es ist ein uralter Brauch, am sogenannten *Mincha*-Lernen teilzunehmen. Eröffnet wird es mit dem Rezitieren des Psalms 104 und der ***Schirej haMa'alot***, der 15 Psalmen (120–134), die auch »Stufenlieder« genannt werden. Ursprünglich sangen sie die Leviten beim Hinaufsteigen der Tempelstufen, daher ihr Name. Heute werden sie in der Winterzeit, d.h. zwischen *Sukkot* und *Pessach,* gebetet. In der Sommerzeit dagegen, zwischen *Pessach* und *Sukkot,* werden ***Pirkej Awot,*** die Sprüche der Väter, gelernt. Das sind die Leitgedanken unserer Weisen, *Sichronam liW'racha,* ihr Andenken sei uns zum Segen, wie sie in der *Mischna* festgehalten wurden. Jede Woche wird eines der sechs Kapitel gelesen; somit ist *Pirkej Awot* der wohl bekannteste Text des *Talmuds* überhaupt.

לַמְנַצֵּחַ

Das folgende Abendgebet wird mit zwei Psalmen eröffnet (*LeDavid* 144 und *Lam'naze'ach* 67); danach wird mit dem wochentäglichen *Ma'ariw* (S. 182–196) fortgefahren. Der *Barchu*-Abschnitt mit dem *Schma* wird von der großen *Amida Schmone Essre* befolgt. Der anschließende Psalm 91 (S. 535) drückt unsere Hoffnung auf den Schutz des Ewigen, der uns allen zuteilwerden möge, aus.

Nach dem Ganz-*Kaddisch* folgt die feierliche Verabschiedung des nun beendeten *Schabbats* durch die **Zeremonie der vierfachen Unterscheidung, die *Hawdala*.** הַבְדָּלָה

Um die Königin *Schabbat* würdig zu verabschieden, ist es notwendig, diese schöne, wenn auch etwas wehmütige Zeremonie durchzuführen, denn sonst wäre der *Schabbat* nicht beendet, und wir könnten nicht der gewöhnlichen Arbeit nachgehen. Der letzte Becher Wein steht bereit, und er ist *Koss Jajin male*, übervoll, d.h., der Wein fließt über als Symbol der Fülle und des erhofften Segens. In vielen Familien freuen sich die jüngeren Kinder darüber, die aus sechs Wachssträngen schön geflochtene brennende *Hawdala*-Kerze zu halten oder die oft wunderbar gearbeitete und reich verzierte *Bessamim*-Büchse, die Dose für herrlich duftende Gewürze, zu reichen. Der schöne Anblick des Lichtes erinnert an die Schöpfung desselbigen am Moza'e Schabbat und der Wohlgeruch der seltenen Gewürze sollen uns darüber hinwegtrösten, dass die b e s t e und schönste Zeit der Woche, der heilige *Schabbat*, vorbei ist. Ein kleiner Trost aber bleibt uns doch: In sechs Tagen schon dürfen wir erneut die *Schabbat ha-Malka* empfangen und die gesegnete Ruhe im Kreise der Familie genießen.

כּוֹס יַיִן מָלֵא

בְּשָׂמִים

Im *Siddur Schma Kolenu* finden wir die *Hawdala* auf der S. 552; genaue Anweisungen erleichtern die Durchführung. In manchen Familien gibt es den Brauch, dass alle Anwesenden den vorletzten Satz im Eröffnungsteil *Ken tihje lanu*, so sei es auch für uns, laut mitsprechen. Dadurch betonen alle ihre feste Überzeugung, dass *HaKadosch baruch Hu* uns Juden hilft und uns an allem Guten teilhaben lässt. Es gibt auch Familien, in denen kein Wein oder Traubensaft für die *Hawdala* benutzt wird. Wenn andere Getränke, Bier oder Saft, eingesetzt werden, muss man die folgende *B'racha* dementsprechend verändern, die *schehakol-B'racha* sagen. Nachdem alle die Segenssprüche über den Becher und die Gewürze mit einem *Amen* beantwortet haben, wird die *Bessamim*-Büchse allen Anwesenden gereicht, damit jeder den Duft einatmen kann. Beim Segensspruch über die Kerze strecken alle ihre Hände dem Licht entgegen und lassen das Licht sich an den Fingernägeln spiegeln.

כֵּן תִּהְיֶה לָנוּ

בִּרְכַּת שֶׁהַכֹּל

Der wesentliche Teil der Zeremonie ist die tatsächliche *Unterscheidung:* Selbst der Name leitet sich vom *haMawdil* – der unterscheidet – ab.

הַמַּבְדִּיל

Vier Unterscheidungen gibt es im letzten, wohl wichtigsten Segensspruch:
- **zwischen Heiligem und Nichtheiligem**
- **zwischen Licht und Finsternis**
- **zwischen Israel und anderen Völkern**
- **zwischen dem siebten Tage und den sechs Tagen der Arbeit.**

אֵלִיָּהוּ הַנָּבִיא

Nachdem der Familienvater bzw. derjenige, der die *Hawdala* ausführt, vom Becher getrunken und das Kerzenlicht gelöscht hat, ist der *Schabbat* beendet. Der Gesang der Hymne *Elijahu haNawi* verstärkt den Glauben an die baldige Erlösung.

Ritualien für die *Hawdala*-Zeremonie erleichtern den Abschied vom *Schabbat.*

1. Beschreibe den Grund, aus dem die *Hawdala*-Kerze aus sechs Strängen besteht und warum in der *Bessamim*-Dose edle Gewürze sind.

2. Kennst Du den siebten Satz aus dem ersten *Passuk,* Abschnitt, der *Hawdala* auf S. 552? Kannst Du ihn einordnen, wo wir ihn noch hören?

3. Deute die vier Segenssprüche der Unterscheidung auf S. 552 unten. Welche Auffälligkeit stellst Du fest?

4. Schaue Dir die 15 Stufenlieder auf S. 480 ff an. Einer dieser Psalmen ist uns gut bekannt. Kannst Du ihn finden? Woher kennen wir ihn und welche Nummer trägt er?

Aufgaben und Übungen

Das *Schma Jissra'el* – Höre Israel

שְׁמַע יִשְׂרָאֵל

Das *Schma Jissra'el* – Höre Israel gehört zu den wichtigsten Gebeten des Judentums und wird gleichzeitig als das Glaubensbekenntnis der jüdischen Gemeinschaft gesehen.

In der jüdischen Geschichte war der erste Satz, die Proklamation des jüdischen monotheistischen Glaubens, der Begleiter der Menschen in Zeiten der Gefahr oder des Todes. Ob im Zeitalter der Verfolgung durch die Inquisition, während der Pogrome oder in den Konzentrationslagern – mit diesem Satz auf den Lippen starben unzählige Märtyrer des jüdischen Volkes. Wegen der großen Wichtigkeit des Gebetes ist sehr große Konzentration, *Kawana,* Andacht, notwendig. Deshalb ist es *Minhag,* Brauch, beim Rezitieren des ersten Satzes die Augen mit der Hand zu bedecken, um sich besser konzentrieren zu können. Auch darf man sich während des Betens des ersten Abschnittes unter keinen Umständen stören oder ablenken lassen.

Das *Schma* wird zweimal am Tag gebetet: Wegen der im Text enthaltenen Maßgabe »wenn du dich niederlegst« am Abend und wegen »wenn du aufstehst« am Morgen. Man kann es alleine oder in der Gemeinschaft mit anderen, z. B. in der Synagoge im G"ttesdienst, beten. Wegen der festgelegten Tageszeiten des Gebetes befindet sich der Text im *Siddur* in der Gebetsordnung *Ma'ariw,* Abendgebet, und im *Schacharit,* Morgengebet, vor der *Amida,* dem Zentralgebet des jüdischen G"ttesdienstes.

Das *Schma* besteht aus zwei einleitenden Sätzen sowie drei Abschnitten aus der *Tora*. Der erste Satz, das eigentliche Glaubensbekenntnis, besteht aus sechs Worten, die besonders feierlich und laut rezitiert werden. Darin bekennen wir, dass der Ewige unser G"tt ist und dass Er einzig ist. Das Judentum ist die erste monotheistische Weltreligion, die an den Einen einzigen, ewigen, unsichtbaren G"tt, den Schöpfer der Welt und Richter der Menschen glaubt.

Eine Besonderheit bilden zwei Buchstaben: Das *Ajin* am Ende des ersten Wortes und das *Dalet* am Ende des letzten Wortes. Liest man die beiden Buchstaben, die in vielen *Siddurim* durch Fettdruck optisch hervorgehoben werden, als ein Wort, ergeben
עֵד sie *Ed*, Zeuge.

Wenn wir also den Satz mit der nötigen *Kawana* sprechen, werden wir Zeugen des Ewigen.

Die beiden großen Buchstaben des ersten Satzes des Schma, Ajin und Dalet, ergeben zusammen das Wort *Ed*, Zeuge (aus dem *Siddur S'fat emet*).

Gebet

Der zweite Satz, der die ewige Herrschaft G"ttes preist, wird im Gegensatz zum ersten Satz nur leise, flüsternd gesagt. Als eine Erklärung dazu gibt es einen schönen *Midrasch*, rabbinische Auslegung – Erzählung: Als *Ja'akow Awinu*, Jakob, unser Vater, der jüngste der drei Patriarchen-Erzväter Israels, im Sterben lag, machte er sich große Sorgen, ob seine zwölf Söhne, die Stammväter Israels, auch den echten Glauben an den Einzigen, den G"tt Israels, bewahren würden. Als er seine um ihn versammelten Söhne befragte, an wen sie glauben, antworteten sie wie aus einem Munde: »Höre, Israel (zweiter Name von *Ja'akow*), der Ewige ist unser G"tt, der Ewige ist einzig!« Erleichtert über die Festigkeit seiner Kinder, antwortete der bereits schwache *Ja'akow* mit leiser Stimme: »Gelobt sei der Name der Herrlichkeit Seines Reiches für immer und ewig.« Deshalb sprechen auch wir diesen Satz sehr leise. Nur am *Jom Kippur*, dem Versöhnungstag, wird dieser Satz laut gesagt.

מִדְרָשׁ

יַעֲקֹב אָבִינוּ

Der erste Abschnitt des *Schma* stammt aus *D'warim*, dem 5. Buch Mose, Kapitel 6, Verse 5–9. Dieser Abschnitt wird in der Du-Form geschrieben (2. Ps. Sg.) und wendet sich somit an jeden einzelnen jüdischen Menschen, der die sogenannte *Ol Malchut Schamajim*, Last des himmlischen Jochs, auf sich nehmen soll.

עֹל מַלְכוּת שָׁמַיִם

Der Abschnitt beinhaltet **vier wichtige *Mizwot***, religiöse Pflichten:

- **den Ewigen aus aller Kraft und mit ganzer Hingabe zu lieben**
- **die Kinder in der Religion zu unterweisen, sie zu lehren und zu lernen**
- **die Männer haben die Pflicht, *Tefilin*, Gebetsriemen, anzulegen**
- **an den Türrahmen des Hauses eine *Mesusa* anzubringen.**

Dass die Kinder, ihre Erziehung und religiöse Unterweisung gleich an zweiter Stelle hinter G"tt stehen, zeigt, welch großen Wert die Kinder in der jüdischen Familie darstellen und welche Verantwortung ihre Eltern für sie tragen. Wenn die Eltern ihre Kinder nicht selbst oder nicht genügend in der Religion unterrichten und ihnen das Wissen vom Judentum nicht persönlich vermitteln können, haben sie die Pflicht, für ihre Kinder einen geeigneten Lehrer zu suchen, damit das jüdische Wissen weitergegeben wird und nicht in Vergessenheit gerät.

Im ersten Abschnitt steht die Festlegung, *Kri'at Schma*, das Lesen/Beten des Textes, abends und morgens vorzunehmen, zu

קְרִיאַת שְׁמַע

Jeschiwa-Schüler mit angelegten *Tefilin* beim *Schacharit*-Beten.

den Tageszeiten, die am Anfang der Schöpfungsgeschichte im *Sefer Bereschit*, dem 1. Buch Mose, ausdrücklich erwähnt werden.

תְּפִלִּין שֶׁל יָד
תְּפִלִּין שֶׁל רֹאשׁ

Die Männer sollen während des *Schacharit Tefilin* anlegen: Meistens am linken Arm werden die *Tefilin schel Jad*, Riemen für die Hand, und am Kopf die *Tefilin schel Rosch*, Riemen für den Kopf, angelegt. An beiden Lederriemen ist jeweils eine kleine Lederkapsel angebracht. Im Innern befinden ein (bei *schel Jad*) bzw. vier (bei *schel Rosch*) Pergamentstreifen mit zwei Teilen des *Sch'ma* und zwei Stellen aus *Sefer Sch'mot*. Der linke Arm deutet auf die Nähe des Herzens hin und steht auch für das menschliche Tun. Die Kapsel auf dem Kopf liegt auf der Stirn zwischen den beiden Augen. Das hat eine bestimmte Bedeutung: Hinter der Stirn befindet sich das Gehirn, das für das Denken steht. Die Augen bedeuten das Augenlicht, die Sinne des Menschen. Das Anlegen der beiden *Tefilin* bringt den g"ttlichen Willen zum Ausdruck, dass der ganze Mensch mit seinem Herzen, seinem Tun, seinem Denken und mit all seinen Sinnen dem Ewigen dienen und Seine Gebote befolgen soll. Für Linkshänder gibt es die Möglichkeit, am rechten Arm anzulegen.

Am *Schabbat weJom tow, Schabbat* und Feiertag, werden *Tefilin* nicht angelegt, da der Schabbat/Feiertag allein ein Zeichen (*Ot*) mit G"tt ist. אוֹת

Die letzte *Mizwa* des 1. Abschnittes bezieht sich auf das Anbringen der *Mesusa.* Sie wird am Beginn des oberen Drittels des rechten Pfostens der Tür angebracht. Es ist üblich, an jeder Tür – mit Ausnahme der Toilette und des Bades – eine *Mesusa* anzubringen. מְזוּזָה

Ob schlicht und modern oder alt und aus Silber – eine *Mesusa* deutet auf ein jüdisches Heim hin.

Der äußere Behälter der *Mesusa* kann aus sehr unterschiedlichen Materialien sein: Aus Holz, Silber, Glas, Plastik oder Metall. Das hat keinerlei Bedeutung und verändert den Wert einer *Mesusa* nicht. Das einzig Wichtige ist der Inhalt: Ein *Klaf*, ein kleiner Pergamentstreifen im Innern des Behälters, auf dem wiederum die Worte des Glaubensbekenntnisses stehen. Die Tatsache, dass nur das Innere das Wesentliche ist, entspricht der Lehre des Judentums, dass nicht das Äußere bei der Bewertung eines Menschen zählen soll, wie der Mensch aussieht, ob er schön oder reich gekleidet ist, sondern sein Charakter und sein gutes Herz das Wichtigste sind.

קְלָף

Am oberen Teil des Behälters steht ein hebräischer Buchstabe, das **Schin**, das auch am zusammengerollten Pergamentstreifen sichtbar und bei Behältern aus durchsichtigen Materialien zu sehen ist. Dieser Buchstabe steht für einen der Namen G"ttes ***SCHaDa"J SCHomer Daltot Jissra'el***, Hüter der Tore Israels. Die *Mesusa* zeigt von rechts unten nach links oben mit dem Buchstaben *Schin* in den Raum hinein, mancherorts wird sie vertikal angebracht. Somit wird unser Glaube bekundet, dass der Ewige, gelobt sei Sein Name, der Hüter Israels, unser Zuhause und unser Leben behütet und beschützt. Viele Juden berühren die *Mesusa*, wenn sie die Wohnung betreten oder sie verlassen; manche küssen dann die Handfläche, mit der sie die *Mesusa* berührt haben. Diese Geste bedeutet, dass sich die Juden an die Gebote erinnern und sie treu erfüllen wollen. Eine *Mesusa* ist also ein erkennbares Zeichen eines Ortes, wo jüdische Menschen leben.

שַׁדַּי
(שׁוֹמֵר דַלְתוֹת יִשְׂרָאֵל)

Der zweite Abschnitt des *Schma Jissra'el* stammt ebenfalls aus dem *Sefer D'warim*, dem 5. Buch Mose, Kapitel 11, Vers 13–21, und wird in der Ihr-Form (2.P. Pl.) geschrieben. So sollen alle *Bnej Jissra'el*, alle Kinder Israels, auf sich *Ol Mizwot*, die Last der Gebote, nehmen. Der Ewige verspricht Seinem Volk Segen und Wohlergehen bei Einhaltung der Gebote und droht Strafen, Missernten und Vertreibung aus dem Land Israel für den Fall an, wenn das Volk die Weisungen nicht einhält.

עֹל מִצְוֹת

Die *Mizwot* über die Kinder, die Gebetsriemen und die *Mesusa* werden wiederholt, um ihre Wichtigkeit zu unterstreichen.

Der dritte Abschnitt des *Schma* befindet sich im *Sefer Bamidbar*, 4. Buch Mose, Kapitel 15, Vers 37–41. Die Männer haben die Pflicht, einen *Tallit*, den Gebetsmantel, mit den vier *Zizijot*, Schaufäden, beim Beten zu tragen. Weil der letzte Satz des Glaubensbekenntnisses lautet: »Ich bin der Ewige, euer G"tt, der Ich

צִיצִיּוֹת

11 Tage früher, d.h. etwa die zweite Woche im September. Dann wird wieder der Zusatz-*Adar* eingeschaltet usw. Das Gleiche betrifft auch das jüdische Geburtsdatum, das zur Ermittlung wichtiger Lebensdaten notwendig ist – etwa für die *Bar-/Bat-Mizwa*, Hochzeit oder das jüdische Sterbedatum für das *Kaddisch* am *Jahrzeit*-Tag.

בַּר מִצְוָה
בַּת מִצְוָה

Das Schaltjahr **Schana me'uberet** ist in jedem 3., 6., 8., 11., 14., 17. und 19. Jahr des Zyklus – fünfmal nach drei Jahren und zweimal nach zwei Jahren. In den Jahren mit *Adar* I–II feiern wir *Purim* immer im zweiten *Adar* (*Adar bet/scheni*), weil *Purim* immer im Vormonat von *Pessach* sein muss.

שָׁנָה מְעֻבֶּרֶת

Jahreskreis

Hast Du gewusst ...?

Das Berechnungssystem ist wirklich sehr kompliziert. Eigentlich gibt es mangelhafte Normaljahre mit 353 Tagen, regelmäßige mit 354 und sogar überzählige mit 355 Tagen. Bei den Schaltjahren sind es nach ähnlicher Struktur 383, 384 oder 385 Tage. Wie großartig waren unsere Gelehrten, das alles genau zu berechnen! Und noch etwas: Die *CHaSa"L* nennen die Einschaltung auch kompliziert – eine **Interkalation!**

Das jüdische Jahr 5776 (2015/2016) ist das 19. Jahr des 19-jährigen Zyklus; das bedeutet, dass in diesem jüdischen Jahr zwei *Adars* vorkamen, wodurch sich der ganze Kalender nach hinten verschiebt. So finden die nächsten Hohen Feiertage im Herbst 2016 erst spät statt. Ein Jahr später werden die *Jamim nora'im* wieder elf Tage früher stattfinden usw.

יָמִים נוֹרָאִים

Aufgaben und Übungen

1. Erkläre mit eigenen Worten, warum unsere Weisen eine andere Kalenderlänge bestimmt haben als die christlichen Gelehrten.

2. Zeige ein konkretes Beispiel für die »Wanderung des jüdischen Datums«. Wähle zwischen *Jom Kippur, Pessach* und *Chanukka*. Erkläre auch das Datum Deiner *Bar-/Bat-Mizwa*.

3. Finde heraus, wann zwischen 2010/5770–71 und 2030/5790–91 zwei *Adarim* sind. Wenn Du magst, kannst Du sogar bis zum Jahr 2050/5810–11 alle Schaltjahre bestimmen!

Rosch chodesch – Der Neumond

Der Neumondtag ist für das Judentum deshalb wichtig, weil an ihm ein neuer jüdischer Monat beginnt. Der genaue Zeitpunkt des erstmaligen Erscheinens der Mondsichel heißt *Molad*, der von den Astronomen »mittlere Konjunktion« genannt wird. Es handelt sich dabei um den kurzen Augenblick, wenn der Mond direkt zwischen der Sonne und der Erde steht.

מוֹלָד

Von besonderer Bedeutung ist der *Molad* von *Tischri* – denn das ist der jüdische Neujahrstag, *Rosch haSchana*.

Eine Eigenart des jüdischen Kalenders bildet der manchmal zweitägige Monatsbeginn. Die kurzen mangelhaften Monate, die 29 Tage haben, werden von lediglich einem Neumondtag gefolgt, am 1. Tag des neuen Monats. Anders ist es bei den vollen Monaten: Da ein halber Tag – genauer die zweite Hälfte des 30., aufgerundeten Tages eigentlich schon zum neuen Monat gehört, ist der 30., letzte Tag des alten Monats bereits ein *Alef d'Rosch Chodesch*/1. Tag. Der erste Tag des Folgemonats ist dann der zweite Neumondtag, *bet d'Rosch Chodesch*.

רֹאשׁ חֹדֶשׁ

Für Verwirrung sorgt die Frage nach den Mondphasen, denn allgemein denken viele, ein Neumondtag sei bei Vollmond. Das ist jedoch falsch: Neumond ist immer dann, wenn man vom Mond eigentlich »fast! nichts« sieht. Dann kommt die Phase des zunehmenden Mondes, am 14./15. Tag (in der Nacht) ist dann Vollmond – etwa bei *Pessach*- und *Sukkot*beginn. Danach folgt die Phase des abnehmenden Mondes, bis dann am folgenden Neumond der Mond wieder kaum sichtbar ist.

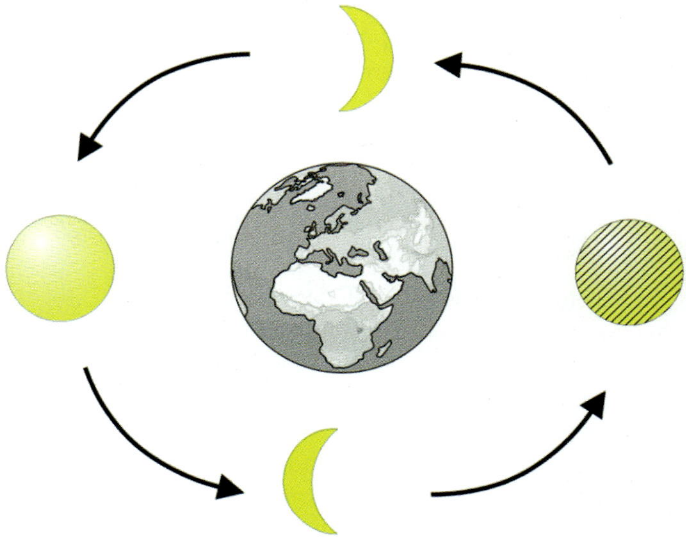

Im Verlauf der Mondphasen verändert der Mond seine sichtbare Gestalt.

Der letzte *Schabbat* vor dem Neumond heißt *Schabbat mewarchin*, an dem in der Synagoge nach der *Tora*-Lesung der Zeitpunkt des Neumonds öffentlich angekündigt wird. Diese Zeremonie mit feierlichen Gebeten befindet sich im *Siddur Schma Kolenu* auf S. 396 ff. Das Gebet haben wir schon auf S. 49 gelesen.

שַׁבָּת מְבָרְכִין

Es ist heute noch Brauch, bis zur Mitte des Monats (Vollmond) ein besonderes Gebet zu Ehren des Neumondes – *Kiddusch Lewana* – zu sprechen (*Siddur* S. 544).

קִדּוּשׁ לְבָנָה

Im alten Israel war es Brauch, dass Frauen am Neumondtag nicht gearbeitet haben – als sichtbare Belohnung für ihre tapfere Treue *HKB"H* gegenüber, weil sie sich geweigert hatten, ihren Männern freiwillig ihren Goldschmuck für den Bau des Goldenen Kalbes herzugeben.

Jahreskreis

Die Umrechnungsdifferenz zum christlichen Jahr beträgt 3760 Jahre, wobei man aber den Beginn des jüdischen Jahres im Herbst bedenken muss.

Aufgaben und Übungen

1. Ergänze in der Zeichnung die einzelnen Mondphasen und beschreibe sie mit dem jeweiligen Namen.

2. Ermittle folgende Daten nach dem jüdischen Kalender:

a) 1096 (gregorianisch) – Beginn des Ersten Kreuzzuges

b) 1215 (gregorianisch) – das Vierte Laterankonzil beschließt für Juden Ghettoisierung, Kleiderordnung und Berufsverbote

c) 1492 (gregorianisch) – *Gerusch S'farad* – die spanischen Könige vertreiben aus Spanien alle Juden, die nicht konvertieren wollen

גֵּירוּשׁ סְפָרַד

d) 165 v. u. Z. (nach der gregorianischen Rechnung) ereignete sich *Chanukka*. Welches jüdische Jahr war gerade?

3. *CHaSa"L*, unsere Weisen, bestimmten das Jahr des Auszuges aus *Mizrajim* mit 2448 nach dem jüdischen Kalender. Wie lautet das Jahr nach dem gregorianischen Kalender?

Hast Du gewusst ...?

Die Christen feiern Ostern in enger Anlehnung an unseren jüdischen Kalender – und zwar ist Ostersonntag immer am ersten Sonntag nach dem ersten Vollmond nach dem 20. März. Das bedeutet in der *Pessach*zeit, meistens am Sonntag nach dem *Seder*abend. **Gemeinsame Wurzel von *Pessach* und Ostern ist der erste Vollmond im Frühling!** Eine Ausnahme verursacht die Verschiebung des Kalenders durch die zwei *Adarim* – dadurch ist *Pessach* später als Ostern, z. B. 2016.

Übersicht der jüdischen Monate

תִּשְׁרֵי	***Tischri*** – September/Oktober
חֶשְׁוָן	***Cheschwan*** – Oktober/November
כִּסְלֵו	***Kislew*** – November/Dezember
טֵבֵת	***Tewet*** – Dezember/Januar
שְׁבָט	***Schwat*** – Januar/Februar
אֲדָר	***Adar*** – Februar/März
	Adar I + II im Schaltjahr – Februar/März/April
נִיסָן	***Nissan*** – März/April
אִיָּר	***Ijar*** – April/Mai
סִיוָן	***Siwan*** – Mai/Juni
תַּמּוּז	***Tammus*** – Juni/Juli
אָב	***Aw*** – Juli/August
אֱלוּל	***Elul*** – August/September

Hast Du gewusst ...?

Die Astronomie lernten unsere Weisen während der babylonischen Gefangenschaft nach dem Fall des Ersten Tempels im Jahre 586 v. u. Z. **Nach R. Chanina im *Midrasch Bereschit Raba* brachten sie auch die Namen der Monate aus dem *Galut Bawel.*** Die *Tora* nennt keine Monatsnamen. Auf die Babylonier geht die Berechnung des hexadezimalen Systems zurück, wonach heute noch die Stunde 60 Minuten und die Minute 60 Sekunden hat. Auch die 360° des Himmelsgewölbes haben die Babylonier bestimmt.

Jüdische Feiertage
mideOrajta – aus der Schrift

a. Schabbat שַׁבָּת

Der heiligste aller jüdischen Feiertage, vielfach durch die *Tora* klar angeordnet. Als einziger Feiertag Israels sogar in *Asseret haDibrot*, den Zehn Geboten, genannt, und das sogar als das längste, umfangreichste aller Zehn Gebote. Wird als Krone und Juwel des Judentums gesehen.

Jahreskreis

Anmerkung Der *Schabbat* ist ein Lernthema der 9. Klasse, andere Feiertage und Feste werden in der 10. Klasse thematisiert.

b. Jamim nora'im – die Hohen Feiertage יָמִים נוֹרָאִים

Rosch haSchana – Neujahrstag, am 1. und 2. *Tischri*

Jom Kippur – Versöhnungstag, am 10. *Tischri*

Der besonders feierliche Charakter dieser Feiertage erinnert uns Menschen an unseren Schöpfer und bringt uns zu unserem König und Richter zurück, vor dem wir unsere Rechenschaft ablegen.

c. Schalosch Regalim – die Drei Wanderfeste שָׁלוֹשׁ רְגָלִים

Pessach – das Überschreitungsfest, vom 15.–22. *Nissan*

Schawu'ot – das Wochenfest, am 6.und 7. *Siwan*

Sukkot – das Laubhüttenfest, vom 15.–23. *Tischri*

Von der *Tora* festgelegt, erinnern diese Feiertage an die älteste Geschichte des jüdischen Volkes noch vor der Landnahme K'na'ans: ***Pessach* an die Befreiung aus der Sklaverei** und den Auszug aus Ägypten, ***Schawu'ot* an die Offenbarung der Tora-Gesetze** am Berge Sinai und ***Sukkot* an die 40-jährige Wanderung** des Volkes durch die Wüste. כְּנַעַן

Im Alten Israel waren diese Feste immer zur Erntezeit, und deshalb pilgerten die Juden nach Jerusalem, um dort die ihnen vorgeschriebenen Ernte-Abgaben am Tempel als Opfergabe darzubringen und die sie beglückende Gemeinschaft des Volkes zu erleben.

Diese drei Gruppen der Feiertage werden deshalb ***mideOrajta*** genannt, weil sie alle durch die *Tora* geboten werden. Der aramä- מִדְאוֹרַיְתָא

ische Begriff bedeutet »aus der Schrift«, was die biblischen Schriften meint.

פּוּרִים חֲנֻכָּה
מִדְּרַבָּנָן

Die besonders von Kindern und Jugendlichen geliebten Feiertage *Purim* und *Chanukka* gehören zu den Festen, die unsere Weisen angeordnet haben. Darum nennen wir sie auch ***mideRabbanan***, von den Gelehrten. Sie werden »nachbiblisch« genannt, weil sie nach der *Tora*-Zeit in der Geschichte als Ereignisse von großer Bedeutung stattgefunden haben.

d. Nachbiblische Feiertage

Purim – 14. *Adar*

Chanukka – 25. *Kislew* – 2. *Tewet*

Aufgaben und Übungen

1. Markiere auf einem Kalenderblatt für das kommende bürgerliche Jahr jüdische Daten. Deine Lehrkraft wird dabei helfen, das jüdische Datum richtig zu ermitteln. Trage zunächst die Gruppe der Hohen Feiertage mit rotem Stift/Leuchtmarker ein.

2. Die Gruppe der Drei Wanderfeste markiere mit grünem Stift/Marker und trage sie in den jeweiligen Monat im Kalender ein.

3. Trage auch alle *Roschej Chodaschim* (Neumondtage) ein – so wird man gleich sehen, welcher jüdische Monat gerade ist. Trage den Namen des Monats ein.

4. Markiere im Kalender auch Deinen jüdischen Geburtstag. Die Lehrkraft kann helfen, das jüdische Datum zu ermitteln.

5. Erstelle einen jüdischen Geburtstagskalender für Deine Familie, erfrage die jüdischen Daten der Geburtstage der Eltern und Geschwister und trage sie im Kalender ein. Das wäre doch ein tolles Geschenk für Deine Familie, was meinst Du?

Ein Bild mit Symbolcharakter: Kerzenzünden an *Schabbat* und Feiertagen

Rosch haSchana – das Neujahrsfest

Die *Tora* fordert das jüdische Volk mehrfach auf, am ersten Tage des siebenten Monats eine feierliche Versammlung abzuhalten. Weil der Auszug aus Ägypten als Beginn der jüdischen Geschichte als Volk gilt, wird der religiöse jüdische Kalender ab *Nissan* gezählt; so ist der 1. *Tischri* der 1. Tag des siebenten Monats. Als das einzige Fest wird es auch in Israel zwei Tage gefeiert – im Unterschied zu anderen Festen, die in *Erez Jissra'el* immer nur einen Tag gefeiert werden. Die Anordnung, auch in Israel *Rosch haSchana* zwei Tage lang zu begehen, ist uralt und wird mit der Schwierigkeit der exakten Bestimmung des Neumondes *Rosch Chodesch* erklärt. Damit alle Juden tatsächlich zur rechten Zeit, am Neumondtag des 7. Monats, das Neujahr feiern konnten, bestimmten die Weisen, man solle zwei Tage lang feiern, um eventuelle zeitliche Ungenauigkeiten auszuschließen. Bei allen anderen Festen besteht dieses Problem nicht, da sie an anderen Tagen des Monats stattfinden, an denen die Bestimmung des Datums nicht so schwierig war.

אֶרֶץ יִשְׂרָאֵל

September 2015 ספטמבר **5776 תשע"ו Tischrei תשרי - 5775 תשע"ה Elul אלול**

SONNTAG ראשון	MONTAG שני	DIENSTAG שלישי	MITTWOCH רביעי	DONNERSTAG חמישי	FREITAG שישי	SCHABBAT שבת
		1 י"ז	2 י"ח	3 י"ט	4 כ' Berlin 7:31 Frankfurt 7:46 Munchen 7:33 Zurich 7:43	5 כ"א 8:40 8:52 8:37 8:47 Ki Tawo כי תבוא
6 כ"ב	7 כ"ג	8 כ"ד	9 כ"ה	10 כ"ו	11 כ"ז B 7:14 F 7:31 M 7:19 Z 7:29	12 כ"ח 8:22 8:36 8:21 8:32 Nizawim ניצבים
13 כ"ט Ende des Schabbatjahres B 7:10 F 7:26 M 7:14 Z 7:25 קצות שנה השמיטה ערב ראש השנה Erew Rosch Haschana	14 א' 8:17 8:31 8:17 8:27 ראש השנה Rosch Haschana	15 ב' 8:15 8:29 8:15 8:25 ראש השנה Rosch Haschana	16 ג' צום גדליה Gedalja Fasten	17 ד'	18 ה' B 6:58 F 7:15 M 7:04 Z 7:15	19 ו' 8:05 8:20 8:06 8:17 שבת שובה Schabbat Schuva Wayelech וילך
20 ז'	21 ח'	22 ט' B 6:48 F 7:06 M 6:56 Z 7:07 ערב כיפור Erew Jom Kippur	23 י' 7:55 8:11 7:58 8:08 יום כיפור Jom Kippur	24 י"א	25 י"ב B 6:41 F 7:00 M 6:49 Z 7:00	26 י"ג 7:48 8:04 7:51 8:02 Haazinu האזינו
27 י"ד B 6:36 F 6:55 M 6:45 Z 6:56 ערב סוכות Erew Sukkot	28 ט"ו 7:43 7:59 7:47 7:58 סוכות Sukkot	29 ט"ז 7:40 7:57 7:45 7:56 סוכות 2 Sukkot	30 י"ז חוהמ"ס			

Ein Kalender macht uns auf alle Feiertage sowie alle Zeiten aufmerksam.

Jahreskreis

Ein Junge übt schon konzentriert das *Schofar*-Blasen.

Rosch haSchana bildet den feierlichen Beginn der *Jamim nora'im,* der zehn sogenannten »Ehrfurchtbaren Tage«, die am 1. *Tischri* beginnen und am Ausgang von *Jom Kippur* am 10. *Tischri* enden. Die Bezeichnung »ehrfurchtbar« gibt an, dass diese Feiertage zwar von besonderer Bedeutung sind (eine andere Bezeichnung ist »die Hohen Feiertage«), jedoch keine fröhlichen Feste. Es sind Tage der Besinnung und Rückkehr zu *HaKadosch baruch Hu,* dem Heiligen, gelobt sei Er.

Rosch haSchana ist der Tag der Erinnerung an die Vollendung der Schöpfung durch die Erschaffung des Menschen, sozusagen der Geburtstag der Welt und der Menschheit. Deshalb beginnt das bürgerliche jüdische Jahr im *Tischri* (und nicht im *Nissan* – s. oben).

לִשְׁמוֹעַ קוֹל שׁוֹפָר
שׁוֹפָר

Die *Mizwa,* religiöse Pflicht von *Rosch haSchana,* ist *Lischmo'a Kol Schofar,* das Hören des *Schofar.* Die Überlieferung der Weisen besagt, dass am Ende der Schöpfung ein »Posaunenschall«, der

Chag haPessach – das Fest der Befreiung

Pessach ist das erste der *schalosch Regalim,* der Drei Wanderfeste, das uns an den **Auszug aus Ägypten unter der Führung von *Mosche Rabejnu*** zur Zeit des Pharao Ramses des Zweiten (1312 v. u. Z.) erinnert.

שְׁלוֹשׁ רְגָלִים

Über die bewegenden Ereignisse von *Pessach* berichtet die *Tora* in der ersten Hälfte des 2. Buches Mose, *Sefer Sch'mot,* Exodus. Nach 430 Jahren im Exil, wovon 210 Jahre lang das jüdische Volk in Ägypten Versklavung über sich ergehen lassen musste, waren zunächst *Asseret haMakot,* zehn schwere und für Ägypten verheerende Plagen nötig, bis der hartherzige Pharao Volk aus *Mizrajim* ziehen ließ. **Dieses Fest wird von Juden aller Generationen weltweit feierlich als Zeichen der Freiheit begangen.**

עֲשֶׂרֶת הַמַּכּוֹת

מִצְרַיִם

In *Erez Jissra'el,* Israel, dauert *Pessach* sieben Tage, da *sch'wi'i schel Pessach,* der Siebte Tag *Pessach,* an den Durchzug des Volkes durch *Jam ssuf,* das Schilfmeer, erinnert. Weil es aber in *chuz laArez,* in der Diaspora, im Unterschied zu Israel nicht nur einen, sondern zwei *Sedarim, Seder*-Abende, gibt, dauert *Pessach* außerhalb Israels acht Tage. In der *Gola* haben der 1. und der 2. sowie der 7. und der 8. Tag den Status eines vollen Feiertags. Die Tage zwischen den Feiertagen nennen wir *Chol haMo'ed,* Halbfeiertage, an denen nur die notwendigen Arbeiten erledigt werden dürfen.

שְׁבִיעִי שֶׁל פֶּסַח

יַם סוּף

חוּץ-לָאָרֶץ

סֵדֶר

חֹל הַמּוֹעֵד

Der *sch'wi'i schel Pessach* wird im Gegensatz zu den ersten beiden Tagen weniger euphorisch begangen, weil wir bei der Lesung über den wunderbaren, rettenden Durchzug des jüdischen Volkes durch das Schilfmeer gleichzeitig vom furchtbaren Untergang der uns verfolgenden Ägypter lesen. Dem Leid der Ägypter begegnen wir mit stillem Respekt.

Nach der Weisung der *Tora* haben wir die Pflicht, alles *Chamez,* Gesäuerte, zu beseitigen, um während des achttägigen Festes lediglich Ungesäuertes zu essen. Dies soll uns daran erinnern, dass der Brotteig, den die Kinder Israels auf ihre Flucht aus Ägypten mitgenommen hatten, nicht aufgehen – »säuern« konnte. **Deswegen gelten die *Mazot* als »ungesäuertes Brot«**, das allerdings in der *Hagada* auch als *haLachma anja,* Brot der Armseligkeit, bezeichnet wird.

חָמֵץ

הָא לַחְמָא עַנְיָא

Nach einer sehr gründlichen Säuberung unserer Wohnungen und Häuser werden traditionell das nur für *Pessach* vorgesehene Geschirr sowie alle Küchengerätschaften bereitgestellt. Einiges aus Glas und Metall kann, im Gegensatz zu Porzellan, Holz und

Plastik, die poröse Oberflächen haben, gekaschert werden, und zwar durch das Liegen im Wasser bzw. Kochen im kochenden Wasser oder Glühen. Dabei ist besondere Sorgfalt und Vorsicht nötig.

Im Vorfeld des Festes können Lebensmittelvorräte durch das Rabbinat verkauft werden, in vielen Familien gibt es jedoch den Brauch, nach *Purim* alle Lebensmittel, die als *Chamez* gelten, möglichst aufzubrauchen. Eine neuere Überlegung ist, *Chamez*-Produkte, die noch originalverpackt sind, als Spende an lokale Wohlfahrtsinstitutionen wie etwa die »Tafel« abzugeben. *Kitnijot,* Hülsenfrüchteartiges, ist zwar kein *Chamez,* wird aber von Aschkenasim nicht gegessen.

קִיטְנִיּוֹת

עֶרֶב פֶּסַח

An *Erew Pessach,* am Vormittag des Vortages, werden alle noch gefundenen *Chamez*-Reste verbrannt, nachdem sie am vorherigen Abend vom Vater und von den Kindern bei einer gründlichen Untersuchung der Wohnung gefunden worden waren. Ist allen diesen vorbereitenden Vorschriften Genüge getan worden, kann das Fest beginnen.

הַגָּדָה שֶׁל פֶּסַח

In der Nacht vom 15. Nissan wird aus der *Hagada schel Pessach* die Geschichte des Auszuges gelesen und der rituelle *Seder* gehalten. Der Name bedeutet die festgelegte Anordnung der Ritualien am Tisch sowie die genau zu befolgende Reihenfolge der rituellen Handlungen im Verlauf des ganzen Abends.

Auf dem festlich gedeckten Tisch liegen zugedeckt die drei *Mazot,* die für die Hierarchien Israels stehen: *Kohen, Levi, Jissra'el.* In vielen Familien wird die Vorschrift befolgt, für diese drei *Mazot* eine besondere Qualität, die sogenannten *Maza sch'mura,* zu verwenden, die unter besonders strengen Kriterien hergestellt wurden.

מַצָּה שְׁמוּרָה

Auf der Seder-Platte, die unterschiedliche Formen aus diversen Materialien haben kann, liegen folgende Ritualien:

זְרוֹעַ

- ***S'ro'a,* Knochen, erinnert an das Lammopfer der Kinder Israels kurz vor dem Auszug und *Jad chasaka uS'ro'a netuja,* die starke Hand und den ausgestreckten Arm G"ttes, mit dem wir aus *Mizrajim* herausgeführt wurden**

חֲרֹסֶת

- ***Charosset,* eine bräunliche Masse aus Äpfeln, Nüssen, Zimt und etwas Rotwein, erinnert an den Mörtel, mit dem die Kinder Israels die pharaonischen Prachtbauten Ägyptens bauen mussten**

חֲזֶרֶת

- ***Chaseret,* Bitterkraut (s. *Maror*)**

- **– *Karpass*, Sellerie oder etwa Radieschen, manche nehmen eine Kartoffel oder einen Rettich** כַּרְפַּס
- **– *Bejza*, ein hartgekochtes Ei, erinnert an die Hoffnung des neuen Lebens und ist gleichzeitig seit jeher ein Trauersymbol, denn hart war es, unter den Pharaonen Ägyptens zu leben** בֵּיצָה
- **– *Maror*, ein Bitterkraut wie Lattich, Endivien/Chicoree oder Meerrettich, soll uns an die Bitterkeit des Sklavenschicksals und die damit verbundene Entrechtung des jüdischen Volkes erinnern** מָרוֹר

Diese Anordnung der *Seder*-Platte geht auf den berühmten *Ari sal.*, Rabbi Jizchak Lurie zurück; die Ritualien liegen im Uhrzeigersinn angeordnet. In einem kleinen Gefäß auf dem Tisch steht *Mej melach*, Salzwasser, bereit; es erinnert an die Tränen, die unsere Vorfahren in Ägypten vergossen haben.

אֲרִי זַ"ל
מֵי מֶלַח

Eine traditionelle, mit Ritualien belegte *Ke'ara*, Seder-Platte. קְעָרָה

Hast Du gewusst ...?

Afikoman ist eigentlich das griechische Wort »Epikomion« für Nachtisch; es bedeutet also, dass der »Nachtisch« zum *Seder* etwas ganz Besonderes sein soll – der Geschmack der Errettung.

Aufgaben und Übungen

1. Zeichne eine *Seder*platte und beschrifte genau die rituellen Speisen, die auf der Platte liegen.

2. Ordne die rituellen Speisen, die sich dafür eignen, dem Begriff der Sklaverei zu –
–
–
–
und überlege, ob es auch heute moderne Formen der Sklaverei gibt. Was kennst Du aus der medialen Berichterstattung?

3. Überlege, welche konkrete Hilfe Du zu Hause beim *Pessach*-Putz übernehmen kannst! Hast Du schon mal eine *Seder*-Tafel vorbereitet und geschmückt?

In der *Hagada* hat **die Zahl Vier** eine große Bedeutung und kommt mehrmals vor:

- **vom jüngsten Kind, in manchen Familien von allen Kindern, werden vier Fragen zur Bedeutung der Sedernacht gestellt**
- **es gibt vier Söhne (gut, böse, einfältig und noch zu jung), deren Haltung dem Glauben gegenüber gezeigt wird**
- **im Verlauf des *Seders* werden vier Becher Wein getrunken; sie stehen für die vier Worte der Erlösung (Ex. 6, 6–7), mit denen der Ewige über Sein Volk spricht:**

וְהוֹצֵאתִי	***wehozeti:***	**Ich werde euch hinausführen**
וְהִצַּלְתִּי	***wehizalti:***	**Ich werde euch retten**
וְגָאַלְתִּי	***wega'alti:***	**Ich werde euch erlösen**
וְלָקַחְתִּי	***welakachti:***	**Ich werde Mir euch zum Volke nehmen.**

Resch Lakisch sagte: »Ruth war 40 Jahre alt, als sie Machlon heiratete und war noch nicht mit Kindersegen bedacht worden, als aber der fromme Bo'as für sie betete, wurde sie bedacht, wie es heißt: ›Gesegnet seist du vom Ewigen, meine Tochter!‹ Nach den Rabbinen sind Ruth und Bo'as erst durch das Gebet des Frommen bedacht worden, wie es heißt: ›Und es sprach das ganze Volk, welches im Tore war, und die Ältesten: Der Ewige mache die Frau, welche in dein Haus kommt, wie Rachel und Lea, welche beide das Haus *Jissra'el* erbaut haben.‹«
RuthR III, 5,10

Warum sind die Zehn Worte nicht am Anfang der *Tora* gesagt worden? Die Weisen haben ein Gleichnis aufgestellt. Womit ist dies zu vergleichen? Mit einem, der in eine Stadt zog. Er sprach zu den Bewohnern: »Ich will über euch König sein.« Sie sprachen zu ihm: »Hast du irgendetwas für uns getan, dass du über uns König sein willst?« Was machte er? Er baute ihnen die Mauer, leitete ihnen den Wasserkanal zu, führte für sie Kriege. Hierauf sprach er: »Ich will über euch König sein.« Da sprachen sie zu ihm: »Ja! Ja!« So führte G"tt die *Jissra'eliten* aus Ägypten, spaltete ihnen das Meer, ließ ihnen das Manna herabkommen, ließ ihnen den Brunnen emporsteigen, trieb ihnen die Wachteln zu, führte für sie den Krieg mit Amalek. Darauf sprach er zu ihnen: »Ich will über euch König sein.« Da sprachen sie zu ihm: »Ja! Ja!«
Mechilta V, 20,2

Jahreskreis

Sukkot – das Laubhüttenfest

Das Laubhüttenfest ist das letzte der sogenannten *schalosch Regalim*, der drei Wanderfeste. Wie es uns die *Tora* gebietet, sollen wir vom *15. Tischri* an eine Woche lang in einer *Sukka,* Laubhütte, wohnen oder zumindest dort symbolisch unsere Mahlzeiten einnehmen, um uns an die vierzigjährige Wüstenwanderung des jüdischen Volkes nach dem Auszug aus Ägypten zu erinnern. Während dieser langen schweren Zeit wohnten die *Bnej Jissra'el,* Kinder Israels, in primitiven Hütten, die sie kaum vor der Hitze am Tage und der Kälte der Nacht, dem Sandsturm, den Skorpionen und Schlangen oder dem heftigen Regen schützen konnten.

סֻכָּה

Sukkot war zur Tempelzeit auch ein wichtiges Erntedankfest: Die Juden hatten die Pflicht, anlässlich des Laubhüttenfestes nach *Jeruschalajim* zu pilgern und dort am Tempel ihre Opfergaben darzubringen und für das Wohlergehen ihrer Familien zu beten.

לֵישֵׁב בַּסֻּכָּה

Die *Mizwa schel Sukkot* ist *lejschew baSukka,* in der *Sukka* zu sitzen, um dort während des *Kiddusch* die Segenssprüche »der Du uns befohlen hast, in der *Sukka* zu sitzen« sowie an den ersten zwei Abenden »*Schehechejanu,* der Du uns hast diese Zeit erreichen lassen« zu sagen. Während die erste *B'racha,* der Segensspruch *lejschew baSukka,* nur für das Laubhüttenfest bestimmt ist, wird *Schehechejanu* an allen Feiertagen und zu anderen besonderen Anlässen gesagt.

Eine Laubhütte muss nach genauen Vorgaben, die im *Talmud* exakt erörtert werden, gebaut sein. Sie darf nicht höher als 20 Ellen sein. Eine *Sukka* wird gewöhnlich aus Brettern gebaut und hat ein locker gedecktes Dach aus Ästen und Zweigen, so dass noch das Licht der Sonne oder des Mondes, der Himmel und die Sterne zu sehen sind. Da das Fest zur Vollmondzeit beginnt, ist es besonders in Israel gut möglich, den Mond durch das Dach der Hütte zu sehen. Wenn es in unseren Breitengraden zu dieser Zeit schon

Alle Generationen freuen sich darüber, in der *Sukka* die Zeit zu verbringen.

oft regnet oder es ungemütlich kalt ist, erinnern wir uns leichter daran, welche Mühen und Strapazen unsere Vorfahren während der Wüstenwanderung durchstehen mussten.

Weil *Sukkot* gleichzeitig ein Erntedankfest ist, ist es vielerorts **Brauch, die Wände der *Sukka* mit Früchten,** Äpfeln, Birnen, Weintrauben und Bananen, **zu schmücken.** Die Vielfalt der Früchte erfreut nicht nur die Kinder; der Genuss der herrlichen Ernte soll uns alle Dankbarkeit spüren lassen.

Die nächste, sehr beliebte *Mizwa* von *Sukkot* ist, fröhlich zu sein und in Freude das Fest zu begehen, wie uns die *Tora* (Dtn., *Dwarim* 16,14) anweist: *We ssamachta beChagecha*, du sollst dich an deinem Feste erfreuen. Es ist ein Fest der Freude und der Dankbarkeit, das im Gebet auch ***Sman Simchatenu*, Zeit unserer Freude,** genannt wird. Es ist die Freude darüber, dass wir beim Höchsten Gericht des *Jom Kippur* bestanden haben und Gnade vor dem Richter der Welt gefunden haben, Freude über die sogenannten *arba'a Minim* des *Lulaw*, vier Arten des Feststraußes, der eine Besonderheit des Festes ist.

וְשָׂמַחְתָּ בְּחַגֶּךָ

זְמַן שִׂמְחָתֵנוּ

אַרְבָּעָה מִינִים

Hast Du gewusst ...?

Rabban Jochanan ben Sakaj führte nach dem Fall des Zweiten Tempels den *Minhag* ein, dass an *Sukkot* der *Lulaw* überall von allen benutzt werden soll – was früher nur am Tempel möglich war. Dies könnte man »Demokratisierung von Privilegien« an alle Mitglieder der Gemeinschaft nennen.

Lulaw, ein Gebinde aus *Lulaw*, einem Palmzweig, ***Hadassim***, drei Myrten und ***Arawot***, drei Bachweiden, wird zusammen mit ***Etrog***, einer besonderen Zitrusfrucht, von den betenden Männern – mancherorts auch von den Frauen – in den Händen gehalten und mit Ausnahme des *Schabbats* im *Schacharit* in alle vier Himmelsrichtungen, gen Himmel und Erde geschüttelt. Die vier Arten erinnern an die vier unterschiedlichen Arten der Menschen; mit dem Schütteln des Gebindes wird der Ewige als Herrscher des Kosmos und der Menschheit anerkannt.

לוּלָב הֲדַס
עֲרָבָה אֶתְרוֹג

Jahreskreis

Da an *Sukkot* der Ewige über den Wasserhaushalt der Natur im nächsten Jahr entscheidet, bekommt auch der *Lulaw* eine besondere Bedeutung: So wie die *arba'a Minim* nicht ohne Wasser sein können, kann auch die Welt nicht ohne Wasser sein; deshalb übernehmen die vier Arten des *Lulaw* die Rolle der Bittsteller um das lebensnotwendige Wasser und Wohlergehen der ganzen Natur. In der heutigen Zeit der bedrohlichen Wasserknappheit und einer beängstigenden Gewässerverschmutzung bekommen diese Symbole einen zusätzlichen Sinn.

שְׁמִינִי עֲצֶרֶת
תְּפִלַּת גֶּשֶׁם

***Schmini azeret*, der achte Tag, ist das Abschlussfest des *Sukkot*.** An diesem Tage beten wir *T'filat Geschem*, das Gebet um Regen, zum Abschluss der Zeit, während der über das Schicksal der Natur entschieden wird. Es ist ferner ein Tag der Freude an der *Tora*. Die Weisen erklären dies so, dass das Volk während der *Sukkot*-Tage so viel Schönes hatte: Die Laubhütte und die vier Arten des *Lulaw*. Am *Schmini azeret* bleibt uns nur die *Tora*, an der man sich erfreuen soll. Die Freude über die *Tora* jedoch ist die höchste: Wenn auch der Tempel fiel, Jerusalem zerstört und das Volk zerstreut wurde, die Freude und die Liebe zur *Tora* ist uns geblieben und kann weder jemals aufhören noch durch irgendetwas gemindert werden.

Hast Du gewusst ...?

Im *Machsor Schma Kolenu leSukkot* finden wir **das Gebet für Regen als Einschaltung in die Wiederholung der Amida durch den Kantor** *(Chasarat haScha"Z)*, S. 596. Am Ende heißt es:

Du bist der Ewige, unser G"tt, der den Wind wehen und den Regen fallen lässt:
Zum Segen und nicht zum Fluch, Amen.
Zum Leben und nicht zum Tod, Amen.
Zur Sättigung und nicht zum Mangel, Amen.

Besonders die junge Generation kann kaum ermessen, welche Bedeutung der Regen als Erntehelfer hat. Alle, die jemals gehungert haben, wissen es schon!

»Ziehe hinweg aus deinem Lande … in das Land, das ich dir zeigen werde.« Was für eine schwere Entscheidung, aus einer fruchtbaren Heimat in die Ungewissheit zu ziehen! Ob in der weiten Fremde auch so viel Wasser und Grün ist?

Familie

er sich doch irren sollte? In dieser schwierigen Lage zeigt uns aber *Awram* die Größe seines Glaubens. Er nimmt *Sarai*, seine Frau, seine Dienerschaft und sein Vieh und zieht über *Haran* bis nach *K'na'an*, das Gelobte Land Israel. Niemand vor ihm hatte es gewagt, die Familie zu verlassen und sich auf so eine gefährliche Reise in die Fremde, ins Unbekannte, ohne ein klares Ziel zu begeben. Deshalb steht *Awram* für einen g"ttesfürchtigen Menschen, der von seinem Weg, den er als richtig erkannt hat, nicht mehr abweicht. Dadurch ist er uns ein großes Vorbild. Auch wir sollen unseren Weg als Juden niemals verlassen und G"tt immer treu bleiben.

הָרָן
כְּנַעַן

Seine Treue wird von *HaSchem* belohnt. Zuerst bekommt *Awram* einen neuen Namen: Das g"ttliche *Hej–H* erweitert seinen Namen, und so wird aus *Awram,* dem nach G"tt Suchenden, *Awra-h-am,* der seinen Schöpfer gefunden hat. Auch seine Frau *Sarai* hat einen veränderten Namen: Auch bei ihr finden wir das g"ttliche *Hej-H* in ihrem Namen – sie heißt nun *Sara-h.* Jetzt könnte man denken, es wird alles sofort gut enden, denn G"tt verspricht *Awraham* eine zahlreiche Nachkommenschaft. Das ist eine wunderbare Vorstellung, aber *Awraham* hat ein Problem: Er

אַבְרָם - אַבְרָהָם

שָׂרַי - שָׂרָה

und *Sarah* haben keine Kinder bekommen, und beide sind schon ziemlich alt.

Seine Frau kann sogar keine Kinder bekommen. Wie schwer es ihr auch fällt, beschließt sie, ihr Mann solle doch ein Kind von ihrer Magd, der Ägypterin *Hagar*, bekommen, damit es überhaupt einen Erben für ihren Besitz gibt. Tatsächlich wird ein Junge geboren, *Jischma'el*, aber für *Sarah* fangen schwere Jahre an, denn die Dienerin lacht ihre Herrin aus und will nicht mehr gehorchen, weil **sie** doch dem Herrn einen Sohn geschenkt hat – und nicht die alte Herrin. Die unglückliche Herrin leidet unter der so schweren und schmerzhaften Demütigung sehr.

הָגָר

יִשְׁמָעֵאל

Als *Awraham* 99 Jahre alt war, wurde er zum Zeichen des Bundes mit dem Ewigen beschnitten. Während seiner Genesung von der *B'rit Mila*, der Beschneidung, sah er tagsüber drei Wanderer an seinem Zelt vorbeiziehen und lief hinaus, um sie einzuladen und zu bewirten. Das Beste, was es gab, musste zubereitet und serviert werden, denn so gebietet es die Gastfreundschaft. *Sarah* hörte, wie die Männer nach ihr fragten und wie sie sagten, in einem Jahre werde sie Mutter eines Sohnes sein. Sie staunte und lachte darüber, denn sie wusste, dass sie alt war. **Der Ewige aber hat Unmögliches wahr werden lassen – die alten Eltern wurden doch noch überglücklich durch die Geburt ihres lang erbeteten und sehnlichst gewünschten Sohnes *Jizchak*.**

בְּרִית מִילָה

יִצְחָק

Die biblische Geschichte lässt uns nur erahnen, dass die drei Wanderer eigentlich Engel sind, die gekommen sind, um den Gastgeber zu prüfen. Obwohl es ihm nicht sehr gut ging, tat er alles, damit sie sich bei ihm wohlfühlen. Dafür wurden er und seine Frau beschenkt – der ersehnte Erbe, ihr Glück, ist ihnen geboren. Diese Geschichte hat eine hohe symbolische Bedeutung – sie zeigt uns, wie wertvoll die Gastfreundschaft im jüdischen Leben ist. Auf diese Begebenheit aus *Sefer Bereschit*, dem Ersten Buch Mose, geht das Gebot *Hachnassat Orchim*, der jüdischen Gastfreundschaft, zurück. Im praktischen Alltag wird diese Pflicht oft gerade an *Schabbat weJom tow*, an *Schabbat* und Feiertag, ausgeübt, indem wir nicht nur Familie und Freunde einladen – oft gibt es Gelegenheit, einen jüdischen Menschen, der allein in der Fremde am *Schabbat* ist, einzuladen, so etwa, wenn jemand auf Dienstreise oder im Urlaub ist und so sein gewohntes jüdisches Umfeld nicht hat.

הַכְנָסַת אוֹרְחִים

Als die beiden Jungen größer wurden, beobachtete *Sarah*, wie *Jischma'el*, der Sohn ihrer Magd, ihren Jungen ärgerte und verspottete. Erbost darüber, forderte sie von *Awraham,* er solle die Magd mit ihrem Sohn vertreiben, sie beide wegschicken, damit wieder Ruhe einkehre. Ihr Mann wollte aber nicht, denn auch der Sohn der Magd war sein Sohn, ja, sein Erstgeborener. Und da geschieht etwas Ungewöhnliches: *Awraham* hört klar die Stimme G"ttes: Alles, was Sarah, deine Frau, sagt, tue! Er fügt sich und schickt die beiden, die er gewiss liebgewonnen hatte, fort. *Jischma'el* wird zum Stammvater arabischer Völker, mit denen wir also halbverwandt sind. Und die jüdische Mutter, die Seele einer jeden Familie, schöpft ihre Autorität aus ebendiesen Worten, die *Awraham* gehört hatte. Sie fühlt am besten, was in der Erziehung gut ist.

Hast Du gewusst ...?

Die Geburt von Jizchak, die Festlegung der Autorität der jüdischen Mutter und das Fortschicken von Hagar und Jischma'el sind von so großer Bedeutung, dass wir darüber am ersten Tag *Rosch haSchana* lesen. Man könnte also im übertragenen Sinne sagen, **am Neujahrstage wurden die Grundlagen des Judentums gelegt**. Der Ewige hatte Sarah bedacht, so dass sie zur glücklichen Mutter werden konnte – und ihr Familienglück auch energisch verteidigte.

Familie

Im Kapitel 22 des *Sefer Bereschit,* 1. Buch Mose, wird eine schreckliche Geschichte geschildert. *Awraham* sollte nach dem Willen G"ttes seinen geliebten Sohn *Jizchak* opfern. Er hörte doch genau die Worte der furchtbaren Aufforderung. Trotz allem, g"ttesfürchtig wie er war, beeilte er sich und nahm Feuer und Holz sowie ein Schlachtmesser und reiste mit seinem Sohn bis zum Berge *Morija,* auf dem er einen Altar gebaut hatte. Seinem Sohn aber kam es merkwürdig vor, dass kein Opfertier mitgenommen wurde. Er befragte schüchtern seinen Vater, der aber wich ihm aus, G"tt selbst würde das Opferlamm besorgen. Beide schwiegen miteinander – der Sohn wohl in dunkler Vorahnung, der Vater aus Kummer. Als er dann seinen Sohn auf dem Altar gefesselt hatte und ihn töten wollte, erschien plötzlich, in letzter Sekunde, ein Engel und rief laut, er solle seinem Sohn nichts tun.

מֹרִיָּה

Es war eine schwere Prüfung, die aber gezeigt hatte, dass *Awraham* bereit war, selbst das schwerste Opfer zu bringen.

Alle Generationen von Menschen fragten sich, wie es denn sein könne, dass *Awraham* nicht protestiert, dass er sich nicht geweigert habe, so etwas Furchtbares auch nur zu denken, geschweige denn zu tun! Die Antwort ist naheliegend und schrecklich. Alle Völker um ihn herum, allesamt Götzendiener, waren es gewohnt, ihre Mitmenschen, ja sogar ihre eigenen Kinder den grausamen und blutrünstigen Götzen an ihren Götzentempeln zu opfern, weil sie sich dann erhofften, die Naturkräfte zu besänftigen und Unglück, Krieg und Hunger abzuwenden.

הַר סִינַי

אַבְרָהָם אָבִינוּ

Und gerade in dieser unglaublichen Geschichte liegt die erste wichtige Botschaft des Judentums an die Menschheit. **Lange vor der Offenbarung der Gebote am *Har Sinai*, dem Berg Sinai, verbietet G"tt selbst das Menschenopfer aufs Strengste.** Das Menschenleben ist heilig und von unermesslichem Wert. Das ist die wunderbare Aussage, die der Menschheit durch *Awraham Awinu* gebracht wurde: Es gibt einen gütigen, unsichtbaren Schöpfer, der das Leben, das Er gibt, für so wertvoll, ja, für heilig hält, dass von nun an jedes Menschenopfer streng verboten ist. Dadurch erstrahlte im Dunkel der grausamen Welt des Altertums ein neues Licht, neue Wertschätzung des bis dahin wertlosen menschlichen Lebens.

Hast Du gewusst ...?

Der **Berg *Morija*** hat in unserer Geschichte eine doppelte Bedeutung. Nachdem dort *Awraham* den ersten Altar aufgebaut und dort das erste Opfer dargebracht hatte, wurde dort viel später ***Bejt haMikdasch***, der Tempel zu *Jeruschalajim*, vom König *Schlomo* erbaut. Wir kennen also ***Har Morija*** auch als ***Har HaBajit***, den Tempelberg, an dessen Westmauer, die wir ***Kotel haMa'arawi*** nennen, die Juden aus der ganzen Welt mit größter Hingabe beten. Nach dem Fall des *Bejt haMikdasch haScheni*, des Zweiten Tempels, blieb nur dieser Teil der Tempelmauer übrig. Bis 1967 war die *Kotel* ein Sehnsuchtstraum vieler Generationen von Juden.

עֲקֵידַת יִצְחָק

In der Geschichte wird dann auch noch die Lösung aufgezeigt. Anstelle des Sohnes wird ein Widder geopfert, der sich gerade in dem Augenblick mit seinen Hörnern in der Hecke verfangen hat. Diese erschütternde Geschichte wird auch *Akedat Jizchak*, Opferung Isaaks, genannt und ist so bedeutend, dass sie am *Rosch ha-*

Rembrandts Opferung Isaaks

In allerhöchster Not und letzter Sekunde wird das Leben von Jizchak verschont. Das ist die wichtige Botschaft des Judentums – das Leben ist kostbar!

Hast Du gewusst …?

Rembrandt Harmenszon van Rijn (1606–1669) gehört zu den größten Malern der Kunstgeschichte und wird nicht nur in seiner niederländischen Heimat bewundert und verehrt. Er perfektionierte das Verhältnis des Lichts und des Schattens und verlieh den von ihm porträtierten Menschen eine neuartige psychologische Tiefe. In Amsterdam lebte er im jüdischen Viertel und kannte zahlreiche jüdische Menschen in seiner Umgebung gut. Als Kind seiner Zeit war er bestens mit den alttestamentarischen Geschichten vertraut. Er hatte viele jüdische Nachbarn, die er oft porträtierte oder die bei ihm ein Bild in Auftrag gaben. Die Opferung Isaaks hat ihn so bewegt, dass er sie zweimal geschaffen hat. Unsere Abbildung stammt aus der Alten Pinakothek in München. Die andere Version ist in der Eremitage in St. Petersburg zu bewundern.

4.

Begegnung mit der Bibel

Die Lehre des Judentums

Die Lehre des Judentums liegt in der Heiligen Schrift, der Bibel, begründet und unterliegt keinerlei zeitlichen Veränderung.

Die jüdische Bibel, die manchmal auch als das Alte Testament (AT) bezeichnet wird, nennen wir Juden *TaNa"CH,* da die drei Initialen die drei Teile, aus denen die Bibel besteht, andeuten:

תּוֹרָה ***Ta*** – ***Tora*** – die fünf Bücher Mose, ***Chamischa Chumschej Tora***

נְבִיאִים ***Na*** – ***Newi'im***, die Propheten

כְּתוּבִים ***CH*** – ***K'tuwim***, die Schriften

תּוֹרָה שֶׁבִּכְתָב חֻמָּשׁ

Dieser schriftliche Teil der jüdischen Lehre wird auch ***Tora schebichtaw*** genannt; ganz allgemein wird damit die *Tora* gemeint, die manchmal auch die Bezeichnung ***Chumasch***, Pentateuch, trägt. Sie bildet die Grundlage der jüdischen Bibel, die noch die *Propheten* und die *Schriften* umfasst.

תּוֹרָה שֶׁבְּעַל פֶּה

Die mündliche Lehre ***Tora schebeal Pe*** besteht aus zahllosen Auslegungen und Kommentaren zum Religionsgesetz der *Tora.* Die mündliche *Tora*, die wir als ***Mischna*** bezeichnen, bildet die Grundlagen des *Talmud* und des sich daraus entwickelnden rabbinischen Schrifttums.

Hast Du gewusst ...?

Die Mischna besteht aus sechs Ordnungen, was wir später noch genauer lernen werden. Aber eigentlich kennst Du es schon vom *Seder*-Abend. Erinnere Dich, wie gern Du mit allen anderen singst *Schischa – mi jode'a? ... Schischa Sidrej Mischna* ... das ist sie, unsere *Mischna* in Sechs Ordnungen!

שַׁ״ס

Von diesen beiden Lehren sind wir überzeugt, dass sie *Mosche Rabejnu,* Moses, unser Lehrer, vom Ewigen selbst am Berge Sinai erhalten hatte, um sie dem Volke Israel als das kostbarste Erbe zu überreichen. Diese beiden Teile der *Tora miSinai* bilden die zwei ewigen Säulen des Judentums.

תּוֹרָה מִסִּינַי

Die schriftliche *Tora* besteht aus 304.805 Buchstaben in 79.976 Worten. Die 187 Kapitel werden in 54 *Paraschijot,* Abschnitte, eingeteilt. Die *Tora* wird auf eine koschere, unter strengen Gesetzen in Handarbeit hergestellte Pergamentrolle von einem frommen *Sofer, Tora*-Schreiber, von Hand geschrieben. Ein *Sefer Tora,* eine *Tora*-Rolle, ist das Wertvollste, was das Judentum kennt. Sie wird wie eine Königin in ein Samtkleid gekleidet und zum Zeichen der königlichen Würde oft mit *Keter,* einer Silberkrone, geschmückt. Auf dem *Me'il,* dem Samtkleid der *Tora*-Rolle, hängt neben einem *Tass,* dem *Tora*-Schild, noch ein *Jad,* ein Zeiger, der meistens aus Silber ist und die Form einer Hand hat. Weil man die *Tora* nicht mit bloßer Hand berühren darf, wird sie mit Hilfe dieses Zeigers gelesen. Aufbewahrt wird die *Tora*-Rolle hinter einem *Parochet,* einem schön bestickten Vorhang im *Aron haKodesch,* dem *Tora*-Schrein, der in den Synagogen unserer Breitengrade an der Ostwand in Richtung Jerusalem steht.

סוֹפֵר
מְעִיל
טַס
פָּרֹכֶת

Die Fünf Bücher Mose, die auch die Kirchen gut kennen, heißen:

1. Buch Mose	**Bereschit**	Genesis	בְּרֵאשִׁית
2. Buch Mose	**Sch'mot**	Exodus	שְׁמוֹת
3. Buch Mose	**Wajikra**	Leviticus	וַיִּקְרָא
4. Buch Mose	**Bamidbar**	Numeri	בַּמִּדְבָּר
5. Buch Mose	**D'warim**	Deuteronomium	דְּבָרִים

Die *Tora* zu kennen, sie fortwährend zu lernen und nach ihr zu leben, ist die Pflicht aller Juden. Sie ist das königliche und für alle Zeiten uneingeschränkt verbindliche Erbe des Volkes Israel. Nur als treue Befolger des Moralgesetzes der *Mizwot* können wir unsere Aufgabe erfüllen, *Or laGojim,* Licht für die Völker, zu sein und zum *Tikun Olam,* der Besserung der Welt, beizutragen.

אוֹר לַגּוֹיִם

Bibel

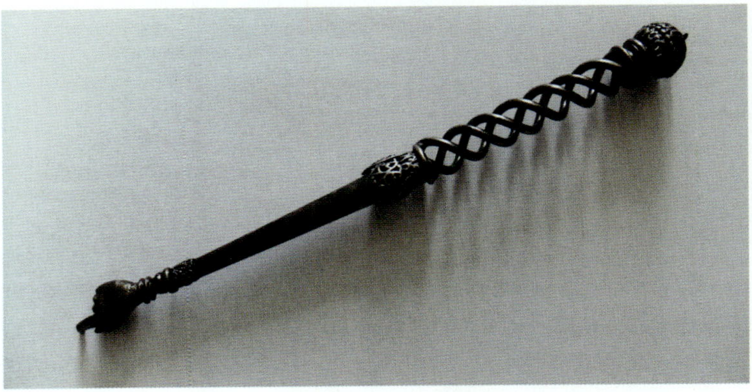

Ein alter Torazeiger, *Jad,* der beim Vorlesen aus der Tora die richtige Stelle markiert.

Die Fünf Bücher Mose – die *Tora*

בֵּית הַכְּנֶסֶת

פָּרָשִׁיּוֹת

Jede Woche wird im *Bejt haKnesset*, der Synagoge, im *Schabbat*-G"ttesdienst am Samstagvormittag *Paraschat haSchawu'a*, eine Wochenlesung, gelesen. Die fortlaufenden Lesungen werden nach dem jeweils ersten Wort des Textes benannt. Während des Jahres werden alle 54 *Paraschijot* gelesen; das führt dazu, dass manchmal Lesungen aus zwei zusammengefassten, doppelten Wochenabschnitten bestehen.

Hast Du gewusst ...?

Die ungewöhnliche Anzahl der 54 *Paraschijot* ist deshalb von den Gelehrten bestimmt worden, damit in jedem Jahr, also **auch im Schaltjahr**, das länger als das gewöhnliche Jahr ist, jede Woche eine fortlaufende *Tora*-Lesung verlesen werden kann. Ist kein Schaltjahr, werden die doppelten Lesungen je nach dem, wie die Feiertage liegen, festgelegt. Eine Wissenschaft für sich! Wie gut, dass alles im *Lu'ach*, dem jüdischen Kalender, steht!

לוּחַ

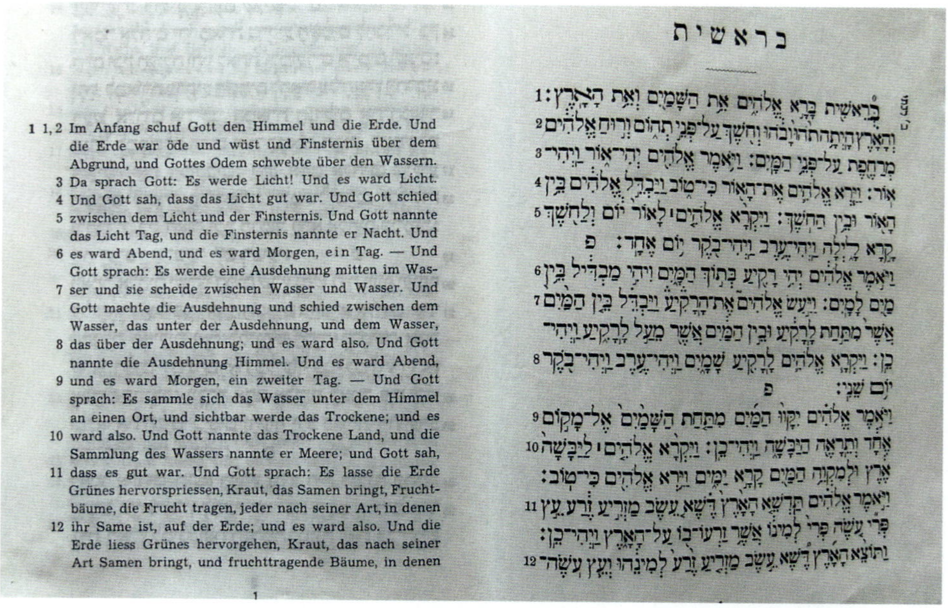

1 1,2 Im Anfang schuf Gott den Himmel und die Erde. Und
die Erde war öde und wüst und Finsternis über dem
Abgrund, und Gottes Odem schwebte über den Wassern.
3 Da sprach Gott: Es werde Licht! Und es ward Licht.
4 Und Gott sah, dass das Licht gut war. Und Gott schied
5 zwischen dem Licht und der Finsternis. Und Gott nannte
das Licht Tag, und die Finsternis nannte er Nacht. Und
6 es ward Abend, und es ward Morgen, ein Tag. — Und
Gott sprach: Es werde eine Ausdehnung mitten im Was-
7 ser und sie scheide zwischen Wasser und Wasser. Und
Gott machte die Ausdehnung und schied zwischen dem
Wasser, das unter der Ausdehnung, und dem Wasser,
8 das über der Ausdehnung; und es ward also. Und Gott
nannte die Ausdehnung Himmel. Und es ward Abend,
9 und es ward Morgen, ein zweiter Tag. — Und Gott
sprach: Es sammle sich das Wasser unter dem Himmel
an einen Ort, und sichtbar werde das Trockene; und es
10 ward also. Und Gott nannte das Trockene Land, und die
Sammlung des Wassers nannte er Meere; und Gott sah,
11 dass es gut war. Und Gott sprach: Es lasse die Erde
Grünes hervorspriessen, Kraut, das Samen bringt, Frucht-
bäume, die Frucht tragen, jeder nach seiner Art, in denen
12 ihr Same ist, auf der Erde; und es ward also. Und die
Erde liess Grünes hervorgehen, Kraut, das nach seiner
Art Samen bringt, und fruchttragende Bäume, in denen

1

בראשית

Die Schöpfungsgeschichte bleibt für alle Zeiten eine Faszination.

Sefer Bereschit 1. Buch Mose	*Sefer Sch'mot* 2. Buch Mose	*Sefer Wajikra* 3. Buch Mose	*Sefer Bamidbar* 4. Buch Mose	*Sefer D'warim* 5. Buch Mose
Bereschit 1,1 – 6,8	Sch'mot 1,1 – 6,1	Wajikra 1,1 – 5,26	Bamidbar 1,1 – 4,20	D'warim 1,1 – 3,22
Noach 6,9 – 11,32	Waera 6,2 – 9, 35	Zaw 6,1 – 8,36	Nasso 4,21 – 7, 89	Waetchanan 3,23 – 7,11
Lech lecha 12,1 – 17,27	Bo 10,1 – 13,16	Sch'mini 9,1 – 11,47	Behaalotcha 8,1 – 12,16	Ekew 7,12 – 11,25
Wajera 18,1 – 22,24	Beschalach 13,17 – 17,16	Tasria 12,1 – 13,59	Sch'lach lecha 13,1 – 15,41	Re'eh 11,26 – 16,17
Chaje Sara 23,1 – 25,18	Jitro 18,1 – 20,23	Mezora 14,1 – 15,33	Korach 16,1 – 18,32	Schoftim 16,18 – 21,9
Toldot 25,19 – 28,9	Mischpatim 21,1 – 24,18	Acharej 16,1 – 18,30	Chukat 19,1 – 22,1	Ki teze 21,10 – 25,19
Wajeze 28,10 – 32,2	Teruma 25,1 – 27,19	Kedoschim 19,1 – 20,27	Balak 22,2 – 25,9	Ki tawo 26,1 – 29,8
Wajischlach 32,3 – 36,43	Tezawe 27,20 – 30,10	Emor 21,1 – 24,23	Pinchas 25,10 – 30,1	Nizawim 29,9 – 30,20
Wajeschew 37,1 – 40,23	Ki tissa 30,11 – 34,35	Behar 25,1 – 26,2	Matot 30,2 – 32,42	Wajelech 31,1 – 31,30
Mikez 41,1 – 44,17	Wajachel 35,1 – 38,20	Bechukotaj 26,3 – 27,34	Massej 33,1 – 36,13	Haasinu 32,1 – 32,52
Wajigasch 44,18 – 47,27	Pekudej 38,21 – 40,38			Wesot haBracha 33,1–34,12
Wajechi 47,28 – 50,26				

Kurze Inhaltsangabe der *Tora*

Sefer Bereschit – Genesis

נֹחַ Erschaffung der Welt; die Sintflut *(No'ach)*, die Geschichte der Erzväter Awot *(Awraham, Jizchak we Ja'akow)*;
יוֹסֵף הַצַּדִּיק Jossef der Gerechte und seine Brüder; *Jossef haZadik* in Ägypten, wegen Hungersnot in Israel zieht die Familie zu *Jossef; Ja'akow Awinu* stirbt in Ägypten.

Sefer Sch'mot – Exodus

Sklaverei in Ägypten; die Zehn Plagen Ägyptens und der Auszug
שִׁירַת הַיָּם aus *Mizrajim*; *Schirat haJam*, das Lied des Schilfmeeres; die Zehn Gebote am Sinai; die Sünde mit dem Goldenen Kalb; Vorschriften über den Bau der Bundeslade.

Sefer Wajikra – Leviticus

Vorschriften für die Priester (Tempelkult); Reinheitsvorschriften *(Kaschrut* – Aussatz – Ausfluss – Geburt); Gebote und Verbote *Mizwot* für den Alltag: Kontakte unter den Menschen – etwa »Du sollst deinen Nächsten lieben wie dich selbst« – Achtung der Alten – Schutz der Schwachen; Sexualethik in der Familie; Ethik des Berufslebens.

Sefer Bamidbar – Numeri

Geschichte des jüdischen Volkes und sein Ungehorsam während der 40-jährigen Wüstenwanderung (u. a. Kundschafter in *Erez Jissra'el;* Aufstand des Leviten Korach); der 3. Abschnitt des Glaubensbekenntnisses *Schma Jissra'el.*

Sefer D'warim – Deuteronomium

Mosche Rabejnu, Moses, unser Lehrer, führt das jüdische Volk bis an die Grenzen des Gelobten Landes und wiederholt das Gesetz, damit das Volk es nicht vergisst; 1. und 2. Abschnitt des Glaubensbekenntnisses *Schma Jissra'el; Jehoschu'a bin Nun* wird zum Nachfolger Mosches bestimmt; Mosche beschwört das Volk, dem Ewigen treu zu bleiben und stirbt 120-jährig auf dem Berg Newo.

Erstaunt und voller Ehrfurcht sehen die Anwesenden die Tora-Rolle.

Bibel

Da im Altertum an Montagen und Donnerstagen Markttage waren, wird an diesen beiden Tagen am Morgen der erste Abschnitt des Wochenabschnittes gelesen. Damit kommt man auch der Forderung nach, nie länger als drei Tage ohne die Beschäftigung mit der *Tora* zu sein. Am kommenden *Schabbat* werden dann sieben gesetzespflichtige Männer mit einer *Alija laTora*, einem Aufruf zur *Tora*, geehrt und lassen alle einzelnen Teile des gleichen Wochenabschnitts lesen. Der abschließende *Maftir*, der achte Aufgerufene, lässt den Abschlussabschnitt der *Tora* und die *Haftara*, eine Lesung aus den *Newi'im*, Propheten, lesen. Als *Maftir* aufgerufen zu werden, ist die ehrenvolle Aufgabe eines *Bar-Mizwa*-Jungen oder eines *Chatan*, Bräutigams. In den meisten Gemeinden werden diese beiden *Maftir*-Ehrenpersonen mit Süßigkeiten bedacht, die wie ein Regen vom Himmel fallen; dies soll andeuten, dass die Anwesenden ihnen wünschen, mögen sie in ihrem folgenden Leben durch die süße Weisheit der *Tora* und des Judentums stets begleitet werden.

Aufgaben und Übungen

1. Fertige eine Skizze an, die klar die beiden Lehren vom Sinai darstellt.

2. Zähle in jedem Buch der *Tora* die einzelnen *Paraschijot* der Übersicht zusammen und überprüfe so ihre Anzahl.

3. Überlege, in welchem Zeitrahmen Moses die beiden *Torot* erhalten hatte und was das für das Volk bedeutete. Welche jüdischen Daten kennst Du dazu? Schreibe sie Dir heraus.

4. Erinnere Dich an einzelne Geschichten aus dem Ersten Buch. Nenne drei Ereignisse der Patriarchen-Zeit. Welche Erzählung der *Tora* magst Du persönlich am liebsten? Kennst Du den Grund dafür?

5. Benenne das Fest, das sich mit dem Buche *Exodus* beschäftigt, sowie das wichtige jüdische religiös-literarische Werk, das die Ereignisse reflektiert und aufarbeitet. Begründe, warum das Fest so wichtig ist.

6. Die *Mizwot* regeln unser gesamtes Leben. Welche Handlungspflichten gegenüber unseren Mitmenschen kannst Du spontan aufzählen? Weißt Du, wie viele Gebote es gibt?

7. Welche Verbote der *Tora* fallen Dir ein? Wie hoch ist ihre Zahl?

Eine Übersetzung des TaNa"CH ins Deutsche von Tur-Sinai (1886–1973)

TaNa"CH – die jüdische Bibel

תנ״ך

Die jüdische Bibel besteht aus folgenden Büchern bzw. Schriften:

Tora – Fünf Bücher Mose

Bereschit

Sch'mot

Wajikra

Bamidbar

D'warim

Newi'im – Propheten

Rischonim – Ältere

Jehoschua (Josua)
Schoftim (Richter)
Schmu'el I–II
(Buch Samuel)
M'lachim I–II
(Buch der Könige)

Acharonim – Jüngere

»drei große«

Jeschajahu
Jirmejahu
Jecheskel

»zwölf kleine«

Hoschea
Joel
Amos
Owadia
Jona
Micha
Nachum
Chabakuk
Zefanja
Chagaj
Zecharja
Maleachi

K'tuwim – Schriften

Tehilim (Psalmen)
Mischlej (Sprüche)
Ijow (Hiob)

Chamesch Megilot:

Schir haSchirim
(Das Hohelied)
Ruth
Ejcha (Klagelieder)
Kohelet (Prediger)
Ester

Daniel
Esra
Nechemja

Diwrej haJamim I–II
(Chroniken)

TaNa"CH – Propheten und Schriften

תּוֹרָה

Obwohl die *Tora*, der erste Teil der jüdischen Bibel, am bekanntesten ist, gehören noch viel mehr Schriften zum biblischen Kanon, dem wertvollsten Buch der Menschheitsgeschichte, und zwar *Newi'im*, die Propheten, und *K'tuwim*, die Schriften. Der ganze *TaNa"CH* wird als *Tora schebichtaw*, die schriftliche Lehre des Judentums, angesehen und unterliegt **keinerlei Veränderung.**

נְבִיאִים כְּתוּבִים

נְבִיאִים רִאשׁוֹנִים

Newi'im rischonim – die älteren Propheten

סֵפֶר יְהוֹשֻׁעַ

Die Propheten beginnen mit ***Sefer Jehoschu'a***, dem Buche Josua, in dem die Landnahme K'na'ans durch die Israeliten unter der Führung von *Jehoschu'a bin Nun* beschrieben wird. *Jehoschu'a*, der treue Nachfolger von *Mosche Rabejnu*, nimmt die schwere Aufgabe wahr, das Volk in das Land zu führen und *lakachat le-Rischta*, es in Besitz zu nehmen – wie es der Ewige befohlen hatte. Nach langen Kämpfen gegen 31 Stadtstaaten werden die 31 Könige besiegt, und so kann dann das Land *Erez Jissra'el* unter die Stämme aufgeteilt werden. **Die Kinder Israels sind nach langer Zeit der schweren Entbehrungen in der Sklaverei und während der Wüstenwanderung endlich angekommen.** Sie sind nun in dem Lande, das der Heilige, gelobt sei Sein Name, ihren Vätern versprochen hatte zu geben, das Land, das von Milch und Honig fließt. Nachdem der treue *Jehoschu'a* seine Aufgabe erfüllt hatte, starb er im Alter von 110 Jahren. Das Volk musste nun allein den Alltag bewältigen.

לָקַחַת לְרִשְׁתָּהּ

Hast Du gewusst ...?

Im 12. Kapitel des *Sefer Jehoschu'a* werden alle **Stadtstaaten**, die damals kleine autonome Königreiche waren, namentlich erwähnt. **Ihre Bewohner entstammten den Völkern der Hethiter, Emoriter, Kenaaniter, Perisiter, Hiwiter und Jebussiter.** Unter den Stadtstaaten sind uns einige Namen heute noch gut bekannt: *Jericho, Chewron, Bet-El, Scharon, Megido* – und vor allem *Jeruschalajim.*

סֵפֶר שׁוֹפְטִים

Die folgende Schrift ***Sefer Schoftim***, das Buch der Richter, beschreibt die älteste Geschichte Israels im Lande nach dem Tode *Jehoschu'as*, als es noch kein Königtum gab und das Land deshalb von Richtern, gesetzeskundigen Fürsten, verwaltet wurde. Am vielleicht bekanntesten sind die Richter *Barak* und die Richterin *D'wora*, Debora, die bedeutende militärische Führer waren und z.B. im Kampf am *Har Tawor*, Berge Tabor, die Feinde Israels besiegten. Auch der Richter *Jefta* ist wegen der tragischen Geschichte um seine Tochter allgemein bekannt, die im 11. Kapitel geschildert wird: *Jefta*, dessen Herz von Bräuchen der umliegenden Götzenvölker wohl verführt wurde, gelobte *HKB"H*, dem Heiligen, gelobt sei Er, dass er den ersten Menschen, der ihm begegnet, nachdem er in seiner Schlacht gegen die Feinde gewonnen haben wird, opfern wolle. So ein schrecklicher Schwur zeigt, dass die umliegenden Völker mit ihren blutrünstigen Ritualen sehr wohl Einfluss auf das Volk hatten, denn das jüdische Gesetz verbietet doch Menschenopfer aufs Strengste, wie in der *Tora* zu lesen ist und was gleich zu Beginn des Judentums die Geschichte von der Opferung Isaaks, *Akedat Jizchak*, überzeugend zeigte. *Jefta* wird grausam bestraft. Seine einzige, innig geliebte Tochter läuft ihm entgegen, um ihn als Helden zu feiern. Welcher Schrecken, welche Verzweiflung! Daraus sollen wir heute noch lernen, immer die Gebote der *Tora* vor Augen zu haben und nie voreilig und unüberlegt Versprechen abzulegen, die von uns gar nicht eingehalten werden können oder gar dürfen.

בָּרָק

הַר תָּבוֹר

יִפְתָּח

Die Richterzeit war geprägt von zahlreichen Kämpfen gegen die Feinde Israels, aber auch von vielen Verfehlungen des Volkes, das sich allzu leicht vom Götzendienst der benachbarten Götzenvölker beeinflussen ließ, bis es wieder durch Krieg und Elend gestraft wurde. In der Not kehrte das Volk reumütig zu *HaSchem* zurück, bis es dann wieder wankelmütig wurde.

Bibel

Hast Du gewusst ...?

Biblische Ortsnamen im Herzen Europas? Im Süden Tschechiens gibt es eine gotische Stadt, **Tábor**, die nach dem Berg *Har Tawor* in Israel benannt wurde. An diesem Berge kämpften in der Richter-Zeit erfolgreich *Barak* mit *D'wora* gegen die Feinde Israels. Die Stadt in Böhmen wurde von den Hussiten, den ersten Protestanten Europas, im Frühjahr 1420 begründet. Dort wollten sie ihre bibeltreue Lehre gegen die päpstlichen Kreuzfahrer verteidigen. Interessant ist auch, dass das Wort »tábor« im Tschechischen »das Lager« – Machane bedeutet. Im biblischen Sinne »lagerten« dort also die Bibeltreuen.

דְּבוֹרָה

סֵפֶר שְׁמוּאֵל א/ב
דָּוִד הַמֶּלֶךְ
גָּלְיָת
שָׁאוּל

Die ***Sefer Sch'mu'el alef/bet***, die beiden Bücher Samuel, widmen sich der berühmten Persönlichkeit des wohl bekanntesten und beliebtesten Königs Israels, ***David haMelech***, König *David*, der vor etwa 3000 Jahren lebte und das Leben der Juden aller Zeiten stark geprägt hat. Im Ersten Buche Samuel wird von der Jugend *Davids*, seinem mutigen Kampf gegen den Philister *Goljat* und von seinem Kampf mit dem König *Scha'ul* erzählt. Der alte König *Scha'ul* hasste den schönen, klugen und beliebten *David* so sehr, dass er ihm nach dem Leben trachtete. Deshalb war *David* lange Zeit auf der Flucht vor *Scha'ul*. Erst nach dem Tode des kranken Königs konnte *David* aufatmen und seine Herrschaft antreten. Das Zweite Buch Samuel beschreibt die Jahre *Davids* als König Israels, der das Land und die zerstrittenen Stämme eint, die Feinde Israels vertreibt, so das Land festigt und zu einer Großmacht aufbaut.

בַּת-שֶׁבַע
אוּרִיָּה
נָתָן הַנָּבִיא
אַבְשָׁלוֹם

Es wird aber auch das **Vergehen *Davids*** sichtbar: Seine Liebe zu *Batschewa*, einer verheirateten Frau, führt ihn dazu, ihren Mann *Urija* im Krieg dem sicheren Tode in der ersten Kampfreihe ausliefern zu lassen, damit er dann seine Witwe heiraten kann. Das brachte ihm nicht nur die Schelte des Propheten *Natan*, seines Freundes und Beraters ein, sondern auch zahlreiche Schwierigkeiten im Leben, die von unseren Weisen als Strafe des Ewigen aufgefasst werden. So starb der Erstgeborene *Batschewas* kurz nach der Geburt, sein Lieblingssohn *Awschalom* starb noch sehr jung, was *David* in eine schwere, tiefe Krise stürzte. Auch gab es in der großen Familie des Königs viel Zwist und Ärger, vor allem aber wurde *David* sein größter Lebenstraum nicht erfüllt. Er durfte wegen seiner Sünde und wegen des vergossenen Blutes, das durch viele Kriege an seinen Händen haftete, den Tempel in *Jeruschalajim*, der heiligen Stadt, die er begründet hatte, nicht bauen.

סֵפֶר מְלָכִים
שְׁלֹמֹה הַמֶּלֶךְ
בֵּית הַמִּקְדָּשׁ

Die ***Sefer M'lachim alef/bet***, die Zwei Bücher der Könige, behandeln die folgende Epoche jüdischer Geschichte, die Herrschaft von ***Sch'lomo haMelech***, König Salomo, der als der weiseste aller Menschen gilt. In der langen Friedenszeit seiner Regierung war es ihm möglich, den wundervollen *Bejt haMikdasch*, den prachtvollen Tempel, das Juwel der Weltarchitektur, um etwa 950 v. u. Z. zu erbauen und einzuweihen. So konnte der in der *Tora* vorgeschriebene Tempel- und Opferdienst bis in jedes Detail verwirklicht werden. König Salomo war außerordentlich weise, was er in seiner Tätigkeit als Richter oft bewiesen hatte. Am berühmtesten ist sein kluges Urteil im Streit zweier Frauen um ein Neugeborenes: Die Wahrheitsfindung Salomos, dass nämlich jene Frau die wahre Mutter sein muss, die lieber auf ihr Kind verzichten würde als dass sie es töten ließe, ist bis heute legendär.

1. Versuche zu erklären, wie es möglich war, dass das Volk dem babylonischen Götzendienst verfallen konnte, obwohl der Tempel stand und die *Mizwot* der *Tora* bekannt waren?

2. Deute mit Deinen eigenen Worten den gängigen Begriff »Ein Prophet taugt im eigenen Lande nichts«. Stimmt das noch heute?

3. Beschreibe kurz die Bedeutung der *Haftara*. Für Schüler: Erinnerst Du Dich noch genau an die Worte Deiner *Haftara*? Von welchem Propheten stammt sie? Finde sie in der Bibel!

Aufgaben und Übungen

Der Davidstern im Nachtblau steht für alle Juden in der weiten Welt.

Hast Du gewusst ...?

Allgemein bekannt ist, dass Juden unter allen Völkern zerstreut wurden. Eine genauere Vorstellung darüber, wie Juden im Mittelalter lebten, vermittelt uns heute noch der berühmte **Reisebericht von *Benjamin ben Jona miTudela***, der zwischen den Jahren 1160–1173 etwa 300 Städte in verschiedenen Ländern Europas, Nordafrikas und Vorderasiens bereiste und **über das Leben und die Bräuche der dort lebenden Juden in seinem Tagebuch erzählte.** Sein ***Sefer haMassa'ot*** zählt zu den wichtigsten Geographie-Werken des Mittelalters und berichtet vom jüdischen Leben unter anderem in Marseille, Rom, Theben, Konstantinopolis, Jeruschalajim, Damaskus, Bagdad, Babylon, Kairo oder Alexandria.

K'tuwim – Die Schriften

תְּהִלִּים

Der dritte Teil der jüdischen Bibel, der auch als *Hagiographen* bezeichnet wird, beginnt durch die **Tehilim**, die 150 Psalmen, die traditionell König *David* zugeschrieben werden. Diese religiösen Dichtungen gehören bis heute zu den ergreifendsten ihrer Art und werden seit jeher in jeder Lebenslage gelesen und gebetet. Sie begleiten den jüdischen Menschen »von der Wiege bis zur Bahre« und sind nach der *Tora* das wohl Bekannteste, weil etwa 60 von ihnen im *Siddur* enthalten sind.

Hast Du gewusst ...?

Magen David, der Davidstern, war im Altertum das Schild, das im Kampf für den Schutz benutzt wurde. **Als Zeichen des Judentums** wurde der Davidstern erstmals 1527 von der altehrwürdigen Gemeinde zu Prag eingeführt und im Siegel der Gemeinde eingraviert.

סֵפֶר אִיּוֹב

Sefer Ijow, das Buch Hiob, beschreibt die schweren Leiden des treuen Mannes Hiob, der vom Satan versucht wird, um *HKB"H* zu leugnen. Obwohl er alles verliert, Frau, Kinder, seine ganze Habe und Gesundheit, bleibt er gläubig, wenn er sich auch vor *HaSchem* bitter über sein Schicksal beklagt. Der Begriff einer »Hiobsbotschaft« für etwas denkbar Schlechtes und Böses ist zum Symbol einer Unglücksnachricht geworden.

מִשְׁלֵי שְׁלֹמֹה

Mischlej, das Buch der Sprüche, wird dem reifen, erfahrenen König Salomo zugeschrieben und enthält Lebensweisheiten. Am bekanntesten ist das Kapitel 31, das als *Eschet chajil* zu Ehren der Ehefrauen immer am Freitagabend vor dem *Kiddusch* rezitiert oder gesungen wird.

חָמֵשׁ מְגִלּוֹת

מְגִלַּת שִׁיר הַשִּׁירִים
מְגִלַּת רוּת
מְגִלַּת קֹהֶלֶת

Die nächsten fünf Schriften kennt man als **Chamesch Megilot**, die Fünf Rollen, die alle an besonderen Tagen gelesen werden. **Schir haSchirim** stammt vom jungen König Salomo und wird an *Pessach* gelesen. **Megilat Ruth** lesen wir zu *Schawu'ot*; **Megilat Kohelet**, Prediger, vom alten König Salomo verfasst, wird an *Schmini Azeret,* am Abschlussfest von *Sukkot,* gelesen. Diese drei Rollen dienen also der Lektüre an *Schalosch Regalim,* den Drei Wanderfesten.

Die *Ester*-Rolle mit den Namen der zehn Söhne *Hamans*. Ein Schreiber bei seiner Arbeit.

מְגִלַּת אֵיכָה

Die **Megilat Ejcha**, Klagelieder, wird an einem besonders schmerzhaften Datum gelesen, am *Tisch'a b'Aw*, dem Neunten Aw, zur Erinnerung an die Zerstörung beider Tempel. Der Prophet Jeremia beklagt darin das Schicksal Jerusalems nach dem Angriff der Babylonier. Er klagt aber auch über das Volk, das durch schwere Sünden das Unglück verursacht hatte.

מְגִלַּת אֶסְתֵּר

Die **Megilat Ester** ist zweifelsohne die bekannteste der Fünf Rollen und wird zu *Purim* unter großer und fröhlicher Anteilnahme der Anwesenden verlesen. Die Errettung des jüdischen Volkes vor dem Bösewicht *Haman* gehört zu den zentralen Eckpunkten unserer Geschichte, denn wären seine grausamen Pläne aufgegangen, wäre das ganze jüdische Volk ausgerottet worden. Die Treue des gläubigen *Mordechaj* und die Klugheit der schönen Königin *Ester* waren Werkzeuge des Ewigen bei der Rettung der *B'nej Jissra'el*. Ein Glückstag für Groß und Klein! Heute noch wollen vor allem die Kleinen mit großem Lärm der Ratschen in der Synagoge bezeugen, dass *Haman* ein Bösewicht war.

Traditionelle Ratsche und *Haman*taschen gehören unzertrennlich zum *Purim*-Fest.

דָּנִיֵּאל עֶזְרָא נְחֶמְיָה

Die letzten Schriften der jüdischen Bibel befassen sich mit der Geschichte: Die Bücher ***Daniel, Esra*** und **Nechemja** berichten von der Gefangenschaft in Babylon sowie der Rückkehr nach *Erez Jissra'el* und dem Aufbau des Zweiten Tempels in *Jeruschalajim*. Eine Besonderheit weisen sie alle drei auf: Sie sind im sogenannten »aramaisierten« Hebräisch geschrieben, das eindeutig darauf hinweist, dass **das Volk Israel während *der Galut Bawel***, der 70-jährigen Gefangenschaft in Babylon, **die Umgangssprache der Babylonier übernommen** und von da an eigentlich Aramäisch und nicht mehr Hebräisch gesprochen hat.

Die letzten beiden Chroniken **Diwrej haJamim alef/bet** berichten von der Geschichte Israels von den Anfängen bis zum Beschluss des Perserkönigs Koresch/Kyros, die Kinder Israels aus der Gefangenschaft freizulassen, damit sie in *Jeruschalajim* dem Ewigen einen neuen Tempel errichten. Durch diesen Großmut gehört König Kyros ein Platz unter den Gerechten der Völker, weil dadurch die Geschichte Israels wieder in *Erez Jissra'el,* im Heiligen Lande, fortgesetzt werden konnte.

דִּבְרֵי הַיָּמִים

כּוֹרֶשׁ

Hast Du gewusst ...?

Die jüdische Gemeinschaft Persiens, des heutigen Iran, **gehört zu den ältesten der Welt.** Die persischen Juden berufen sich darauf, dass sie Nachfahren jener Juden sind, die aufgrund des Entlassungsdekretes des Königs Kyros nach Persien kamen und seitdem dort leben. Die größte Gemeinde gibt es in Isfahan. Schätzungen zufolge leben heute noch etwa 20.000 Juden im Iran.

Der *TaNa"CH,* die jüdische Bibel, hat **unermessliche Bedeutung** für die Entstehung und Entwicklung unserer gesamten jüdisch-christlichen abendländischen Kulturgesellschaft. Wie kein anderes Buch der Welt bestimmt die Bibel bis heute die Vorstellungen aller Generationen von der Moral, der Gerechtigkeit, vom Anstand und guten Sitten. Dieses **grandiose jüdische Gesetzbuch** prägt bedeutende Begriffe wie etwa Barmherzigkeit, Gnade, Treue, Freundschaft, Verantwortung und Mitleid. Die Liebe zu G"tt und die Liebe zum Mitmenschen, »dem Nächsten«, bilden unzertrennlich die beiden Säulen des Judentums und darüber hinaus die Säulen einer jeden g"ttesfürchtigen und humanen Gesellschaft.

Die größten Künstler aller Epochen widmeten ihren Schöpfergenius den Themen der Bibel und ihren menschlichen Schicksalen. Ob es Michelangelos *David* oder sein *Moses* ist, ob wir Rembrandts *Moses* mit den Gesetzestafeln anschauen oder das Oratorium *Jefta* von Carissimi oder Händels *Israel in Ägypten* hören, die Kunst rührt uns immer wieder neu an und führt uns zur Bibel zurück. Liebe und Hass, Verrat und Unglück, Krankheit, Tod und Glück, Sieg und Niederlage, Glaube und Zweifel, Erfolg und Einsamkeit, List und Verzweiflung – nichts gibt es, was die Bibel nicht kennen und erzählen würde.

Und eben das ist ihre Kraft, und darin liegt ihre Faszination.

Aufgaben und Übungen

שֵׁנִי - שְׁלִישִׁי - רְבִיעִי - חֲמִישִׁי - שִׁשִּׁי - שְׁבִיעִי

1. Lerne unter Anleitung der Lehrkraft, wie man in einem *Chumasch* die einzelnen Aufgerufenen bei einer *Alija laTora*, einem *Tora*-Aufruf, findet. Es sind die kleinen Angaben *scheni, schlischi, rewi'i, chamischi, schischi, sch'wi'i* sowie *Maftir.* Manchmal gibt es noch ein Sternchen.

2. Finde den Dritten (3. Aufgerufenen) in der Wochenlesung *Mikez,* die wir an *Schabbat Chanukka* lesen. Was ist der Inhalt? Suche den Vierten in *Beschalach.* Was fällt Dir zu der Textdarstellung auf? Mache Dir darüber einen Eintrag in Deine Tabelle der Wochenlesungen.

3. Suche weiter den Zweiten in *Kedoschim.* Unter Vers 18 findest Du die »zweite Säule des Judentums«. Um welches Gebot handelt es sich? Schreibe es Dir mit einem bunten Stift und der Stellenangabe auf.

4. Finde den Siebten in *Beha'alotcha.* Lies die Geschichte von *Mirjam,* der Schwester von *Mosche Rabejnu* und *Aharon haKohen,* wie sie im 12. Kapitel steht. Was sollen wir aus dieser beängstigenden Begebenheit lernen? Kennst Du ähnliche Situationen im Alltag?

חֻמָּשׁ עִם הַפְטָרוֹת

5. Finde im *Chumasch im Haftarot* vom Goldschmidt-Verlag Basel, die in den meisten Synagogen benutzt werden, die *Haftara* zu *Chajej Sara, Haftarat Bo, Haftarat Sch'mini, Haftarat Sch'lach lecha* und *Haftarat Haasinu.* Wie gehst Du vor? Was hilft Dir dabei?

6. Finde im *TaNa"CH* das Erste Buch Samuel, das 3. Kapitel im Zweiten Buch Könige, das 9. Kapitel *Jeschajahu,* das 3. Kapitel *Amos.*

7. Kannst Du auch in der Bibel den als das *Aschrej*-Gebet bekannten Psalm 145 finden?

8. Wo befindet sich in der Bibel der Psalm 29? Und wo ist *Eschet Chajil*?

9. Seit den Kindergartentagen liebst Du die Geschichte von *Purim.* Ab welcher Seite des *TaNa"CH* findest Du die *Purim*-Geschichte? Schlage das fünfte Kapitel in *Megilat Ester* auf. Von welcher bekannten Stelle der *Purim*-Geschichte berichtet es?

10. Finde im Buche Daniel die Geschichte von der schreibenden Hand G"ttes! Wofür steht bis heute das Unheil verheißende Wort »*Mene, mene, tekel ufarsin*«?

Perlen der Weisheit aus dem Schatz der rabbinischen Literatur

R. Sera, manche sagen R. Chanina b. Papa, sagte: »Komm und siehe, das Verfahren (Vorgehensweise) des Menschen gleicht nicht dem Verfahren des Heiligen, gepriesen sei Er. Das Verfahren des Menschen: Wenn ein Mensch seinem Nächsten eine Sache verkauft, so ist der Verkäufer traurig, und der Käufer freut sich; nicht so der Heilige, gepriesen sei Er: Er gab *Jissra'el* die *Tora* und freute sich dabei, denn es heißt: Eine gute Belehrung habe ich euch gegeben, meine Lehre sollt ihr nicht verlassen.« **bTBer 5a**

Als die *Jissra'eliten* sprachen: »Alles, was der Ewige gesprochen, wollen wir tun und gehorchen«, da sprach G"tt: »Dem ersten Menschen hatte ich nur ein Gebot gegeben, hätte er es gehalten, so hätte Ich ihn den Dienstengeln gleich gemacht; die *Jissra'eliten* dagegen, die 613 Gebote und Verbote halten – ist es da nicht gerecht, dass sie leben und ewig fortbestehen!?« **SchmR XXXII**

Die Rabbanan lehrten: »Über drei weint der Heilige, gepriesen sei Er, täglich: über einen, dem es möglich ist, sich mit der *Tora* zu befassen, es aber nicht tut, über einen, dem es nicht möglich ist, sich mit der *Tora* zu befassen, es aber dennoch tut, und über einen Gemeindevorsteher, der sich gegen die Gemeinde hochmütig gebart.« **bTChag 5b**

Die Seele von *Mosche* schied sich schwer, *Mosche* unterhielt sich mit ihr und sprach: »Denke, meine Seele, dass der Todesengel über dich Gewalt gewinnen will.« Die Seele antwortete: »Das wird G"tt nicht tun, denn Du errettest meine Seele vom Tode.« Dann sprach er: »Hast du die *Jissra'eliten* weinen gesehen und hast du mit ihnen geweint?« Sie antwortete: »Er rettet mein Auge vom Weinen.« … Er sprach zu ihr: »Und wohin wirst du einst gehen?« Sie antwortete: »Ich werde vor dem Ewigen im Lande der Lebenden wandeln.« Als Mosche das hörte, gab er ihr die Erlaubnis mit den Worten: »Kehre zurück, meine Seele, zu deiner Ruhe.« R. Abin sagte: »G"tt pries ihn mit den Worten: ›Und nicht erstand wieder in *Jissra'el* ein Prophet wie Mosche.‹« **DewR XI,XXXI**

Huna bar Geniba sagte: »Das Beten des Schma zur rechten Zeit ist besser als tausend Opfer, welche ein Törichter bringt, denn er versteht keinen Unterschied zwischen den Gelübden zu machen. Du kannst das an *Jefta* sehen, welcher sein übereiltes Gelübde nicht hätte zu erfüllen brauchen.«
KohR IV,17

David hatte ein Kennzeichen. R. Acha ben Bisna sagte nämlich im Namen R. Schim'on des Frommen: »Über dem Bette *Davids* hing eine Harfe, und als die Mitternacht heranreichte, wehte der Nordwind und blies daran, und sie spielte von selbst. Sofort stand er auf und befasste sich mit der *Tora*, bis die Morgenröte aufstieg.« **bTBer 3b**

David sprach vor dem Heiligen, gepriesen sei Er: »Herr der Welt, ich vertraue auf Dich, dass Du dereinst den Gerechten eine gute Belohnung geben wirst, ich weiß jedoch nicht, ob ich unter ihnen einen Anteil habe oder nicht!?« – Die Sünde könnte es verursachen.
bTBer 4a

Es heißt: G"tt gab dem Salomo Weisheit, wie der Sand am Meere. Die Rabbinen sagen: »Wie viel ist das? So viel wie ganz *Jissra'el* besaß.« R. Levi sagte: »Wie der Sand ein Zaun für das Meer ist, so war die Weisheit ein Zaun für Salomo.« Das Sprichwort sagt: »Fehlt es dir an Erkenntnis, was hast du erworben? Hast du Erkenntnis erworben, was fehlt dir noch?« **KohR VII,23**

Es wird gelehrt: R. Schim'on bar Jochaj sagte: »Drei gute Gaben schenkte der Heilige, gepriesen sei Er, *Jissra'el*; alle aber wurden nur durch Züchtigungen erworben. Und zwar: die *Tora*, das Land *Jissra'el* und die zukünftige Welt. Woher dies von der *Tora*? – es heißt: Heil dem Manne, den Du züchtigst, o Herr, und ihn aus Deiner Lehre belehrst. Vom Lande *Jissra'el*? – denn es heißt: Wie ein Mensch seinen Sohn züchtigt, so züchtigt dich der Herr, dein G"tt, und hierauf folgt: Denn der Herr, dein G"tt, bringt dich in ein gutes Land. Von der zukünftigen Welt? – denn es heißt: Denn eine Leuchte ist das Gebot und ein Licht die Lehre; ein Weg zum Leben sind die Züchtigungen.« **bTBer 5a**

Der Kaiser sprach zu R. Jehoschua ben R. Chanina: »Ihr sagt ja, dass ihr sehr weise seid, so sage mir, was ich in meinem Traume sehen werde.« Dieser erwiderte: »Du wirst sehen, dass die Perser dich zum Frondienste einziehen, dich berauben und dich gräuliche Tiere mit einem goldenen Stabe weiden lassen.« Er dachte daran den ganzen Tag, und nachts träumte er dies. Der König Sapor sprach zu Schmu'el: »Ihr sagt ja, dass ihr sehr weise seid, so sage mir, was ich in meinem Traume sehen werde.« Dieser erwiderte: »Du wirst sehen, dass die Römer kommen, dich gefangen nehmen und dich harte Kerne in einer goldenen Mühle mahlen lassen.« Er dachte daran den ganzen Tag, und nachts träumte er dies. **bTBer 56a**

R. Huna sagte im Namen des R. Acha: »Obgleich zehn Dichter zu dem Psalmbuch Beiträge geliefert haben, so führt dasselbe doch nur den Namen des Königs *David* von *Jissra'el*. Gleich einem Verein von Männern, der einem König ein Loblied singen wollte. Ihr seid mir alle angenehm, sprach der König zu ihnen, denn ihr seid alle würdige, fromme Männer, um vor mir zu singen. Aber es mag doch nur dieser für euch alle singen, weil er eine so ansprechende, liebliche Stimme besitzt. Ebenso sprach G"tt zu den zehn Frommen, als sie die Psalmen vortragen wollten: Ihr seid alle angenehme, fromme, rühmliche Sänger, ich wünsche aber, dass nur *David* allein den Gesang vor mir übernehme, weil seine Stimme angenehm ist.« **KohR VII,19**

Mit der Weisheit verhält es sich wie mit einem Fasse, welches voll Edelsteine und Perlen ist und verschlossen und in einen Winkel geworfen liegt und niemand seinen Inhalt kennt. Da kommt aber ein Mensch, holt es hervor und leert es aus, und nun erkennen alle, was darin ist. So war auch Salomos Herz voll von Weisheit, aber niemand wusste es. Als aber der heilige Geist *(Ru'ach hakodesch)* auf ihm ruhte, und er die drei Bücher [*Schir haSchirim, Mischlej, Kohelet,* Anm. d. Verf.] abfasste, da erkannten alle seine Weisheit. **SchirR I,1**

R. Huna und R. Jeremja legten im Namen des R. Chija bar Aba den Worten von Jirmejahu: »Mich haben sie verlassen und Meine Lehre nicht beachtet«, diesen Sinn unter: »Hätten sie Mich auch verlassen, aber hätten sie Mein Gesetz beobachtet und sich damit beschäftigt, so würde das Licht, das in ihm ist, sie zum Guten zurückgeführt haben.« **EchaR, S. 2**

Die Rabbanan deuteten die Geschichte des Altertums mithilfe einer Traumdeutung: »Er ließ ihn sehen die vier Reiche, welche in Zukunft seine Kinder knechten sollten, wie es heißt: Und es war, als die Sonne untergehen sollte, da fiel ein tiefer Schlaf auf *Awraham* und siehe, Bangen, Finsternis, groß, fallend auf ihn. ‚Bangen', das ist das Reich Bawel, ‚Finsternis', das ist das Reich Medien (Persien), ‚groß', das ist das Reich Jawan (Griechenland), ‚fallend', das ist das vierte Reich, das römische, das schuldige.« **Mechilta VII, 9**

? ***Und wie sehe ich persönlich die Bibel?***

Ehrlich – habe ich davor überhaupt so genau gewusst, was die Bibel ist?

Weiß ich denn, ob wir zu Hause eine Bibel haben – und wenn ja, wo?

Möchte ich mir vielleicht vornehmen hineinzuschauen, ganz allein, ohne Zeugen?

Was würde mich am ehesten interessieren?

Die Tora oder vielleicht die Psalmen?

Und sagt mir Jeschajahu etwas?

Und sollte ich mir auch Megilat Ejcha anschauen?

Hat mich denn der Neunte Aw überhaupt mal angesprochen?

Wenn man mich fragen würde, ob ich die Bibel kenne, was würde ich antworten?

Welche Beispiele der Bibel-Texte könnte ich spontan nennen?

5. Schöpfung und Verantwortung

Seit Menschengedenken stellt sich die Frage, woher wir kommen, was der Ursprung unserer Existenz und unserer Welt ist. Dieses Geheimnis ist genauso groß wie die Frage nach dem **Wozu** und schließlich dem **Wohin**, also nach dem Endziel, der Bestimmung unseres Lebens. Mit dieser Sinnfrage beschäftigten sich seit Urzeiten unzählige Denker, Philosophen, Theologen aller Religionen, Dichter, Schriftsteller und nicht zuletzt auch Naturwissenschaftler.

So verwundert es nicht, dass es **sehr unterschiedliche Erklärungsversuche und Denkmodelle** gibt, die sich mit dem jeweiligen Stand der Forschung auseinandersetzen und die dem in der jeweiligen Epoche geltenden Maß an Glauben oder Wissenschaftsgläubigkeit entsprechen.

Das traditionelle Judentum stützt sich dabei natürlich auf die Aussagen der *Tora*. Aber daneben gibt es eine breite Palette von mehr oder weniger wissenschaftlichen Meinungen, von denen einige in der Schule im Rahmen des Biologieunterrichts vorgestellt werden. So sorgten auf der einen Seite die strenggläubigen evangelikalen Kreise aus den USA mit der Kreationismus-Theorie für Aufsehen, auf der anderen Seite werden Theorien wie der Darwinismus und die Urknall-Theorie entweder bejaht und als plausibel akzeptiert oder als ungläubiges Machwerk abgelehnt.

Auch die Mythologie alter Völker und Kulturen widmete sich diesen Fragen und überlieferte uns schöne uralte Sagen und Epen, wie etwa das *Gilgamesch-Epos* aus Alt-Mesopotamien, in dem die Weltentstehung und die Erschaffung des Menschen thematisiert werden. Ebenfalls zeugt die olympische Götterwelt des antiken Griechenlands, die uns aus der Lektüre der schönen Sagen und dem Geschichtsunterricht geläufig sein sollte, von der Suche der Menschen des Altertums nach den Fragen ihres Ursprungs und der Ordnung der Schöpfung.

Selbst wenn wir von dieser breiten Vielfalt wissen, ob nun aus dem naturwissenschaftlichen Unterricht, aus der Geschichte oder aus eigener Lektüre, wir Juden sollen unseren Blick auf die Aussagen der *Tora* richten und die moralische Verpflichtung, die sich aus ihr ergibt, sehr ernst nehmen. Deshalb ist es sehr notwendig, sich mit der *Tora* zu beschäftigen, um zu wissen, welche Aussagen und Botschaften sie uns vermittelt.

Beim Anblick der atemberaubenden Natur spüren wir Ehrfurcht vor der Schöpfung.

Bereits die Schöpfungsgeschichte am Anfang der *Tora* sagt mehrfach aus, dass »der Ewige sah, dass es gut war, was Er erschaffen hat«. Die sechs Schöpfungstage und vor allem ihre Ergebnisse entsprechen ziemlich genau dem Schema, das auch die Naturwissenschaften beobachtet und entwickelt haben. Die Auslegungsfrage bleibt, wie lange ein solcher Schöpfungstag war, denn der einfache Mensch der Ur-Gesellschaft war ein Analphabet, der zwar nicht lesen und schreiben konnte, dafür aber sehr genau die Natur und den ewigen Wechsel von Licht und Dunkelheit, also Tag und Nacht durch seine ständige Beobachtung kannte. Deshalb liegt es nahe, dass in der *Tora* vom »Und es war Abend und es war Morgen« berichtet wird. Unabhängig davon, ob wir die Tage im heutigen Sinne deuten oder aber sie als ein Sinnbild für eine lange Epoche in der Entstehung der Welt sehen, die eigentliche Botschaft dieser *Tora*-Stelle ist eindeutig und mehr als ausreichend: **Die Schöpfung, die Welt und der Mensch sind die klaren Beweise dafür, dass es einen gütigen Schöpfer, Urheber des Seins und Herrn der Ordnung gibt.**

Ein farbenfroher Admiral auf Blütenbesuch.

Wenn wir mit wachen Sinnen die Natur beobachten, staunen wir jedes Mal über die Vielfalt der Arten, Schönheit der Formen und Pracht der Farben und Düfte. Ob eine Wiese im Gebirge oder ein vom Menschen kunstvoll angelegter Garten, die bezaubernden Blüten mit ihrem Duft, das satte Grün der Grasflächen oder die blühenden und fruchttragenden Bäume, all das soll uns mit Glück und Dankbarkeit erfüllen. Die Bienen und Schmetterlinge, der Gesang der Vögel, die Fische in den Gewässern, die grasenden Rehe und die friedlichen Schafherden zeugen von der Güte des Schöpfers, von einer tiefen Ordnung, die einen Sinn hat. Wer einen zoologischen oder botanischen Garten besucht, bewundert den endlosen Reichtum der Fauna und Flora in all ihren Ausprägungen.

Wer ist die Schönste in Floras Garten?

Welches Wunder stellt erst recht die menschliche Zivilisation dar!

Der Mensch, die prächtige Krone der g”ttlichen Schöpfung, vollbrachte unvorstellbare geistige wie wirtschaftliche Leistungen. Angesichts all der Errungenschaften der Technik, der Agrarwissenschaften, der Medizin und der Bildungs- und Wissensstrukturen müsste man denken, der »blaue Planet«, wie unsere Erde auch genannt wird, sei bereits jetzt ein Vorgeschmack auf das Paradies, *Gan Eden.*

Die Wirklichkeit jedoch bietet ein ernüchterndes, manchmal gar erschütterndes Bild. Statt blühender Felder und Gärten gibt es vielerorts durch Agrardünger vergiftete und durch Monokulturen vernichtete Flächen, durch falschen Umgang mit Gewässern tote, stinkende Flüsse, überfischte Meere, ausgerottete Tiere und ausgestorbene Pflanzenarten überall auf der Welt. Ausbreitung der Wüsten, Berge von Plastikmüll, Versiegen des Grundwassers, dramatisch stark angestiegene Ozonwerte, Abschmelzen der Gletscher, massive Häufung der schweren Unwetter, drastische Klimaerwärmung, CO_2-Ausstoß und Ölpest sind nur einige der bedrückenden Fakten. Auf die zahlreichen und immer dringender werdenden Warnungen von Umweltorganisationen wird immer noch kaum gehört. Der Untergang der Erde ist doch scheinbar so fern, bestimmt nicht heute und auch hoffentlich nicht morgen!

So denken viele, wenn sie sich überhaupt Gedanken machen, wie es um unsere Schöpfung – und damit um uns selbst! – eigentlich bestellt ist.

Das Paradies leidet an schrecklichen Wunden, von Menschen verursacht.

Hast Du gewusst ...?

Bereits in den 1960er Jahren wussten die Forscher von der riesigen **Gefahr des Artensterbens.** So gab es etwa eine Dokumentationsfilmreihe mit dem furchterregenden Titel »Werden sie das Jahr 2000 überleben?« Die heutige Realität übertrifft die pessimistischsten Prognosen der damaligen Zeit.

Und das ist erst nur die eine Seite. Wie steht es denn überhaupt um den Menschen, eben die Krone der g"ttlichen Schöpfung? Krieg und Gewalt, Hungersnöte, Armut, Flucht, Kindersoldaten, keine Schulbildung, Kinderarbeit unter unvorstellbaren Sklavenbedingungen, weltweite Benachteiligung von Mädchen und Frauen, Menschenhandel usw.

Sieht so etwa eine menschenwürdige Welt aus?

Die andere Seite ist genauso deprimierend. Der heutige sogenannte **»Turbo-Kapitalismus« in Zeiten der Globalisierung** beutet massenweise die Arbeitskraft der Menschen aus, so dass viele trotz schwerer Arbeit kaum überleben können, und die Konzerne diktieren der Politik ihre brutalen Bedingungen, erpressen die Verantwortlichen mit eindeutigen Drohungen, in billigere Gegenden (in Niedrigst-Lohn-Gebiete) auszuweichen, wenn sie höhere Löhne zahlen sollten. Denn dadurch würden sie weniger Kapital häufen, selbst weniger haben, wobei sie ja bereits vielfache

Millionäre oder gar Milliardäre sind. Auch ihre Börsen-Aktionäre müssten mit weniger Rendite rechnen.

Die eigentliche Machtzentrale unserer Welt.

Und **noch schlimmer sind die offen betriebenen Betrügereien und Tricks** der zahlreichen Finanzhaie **auf den international agierenden Finanz- und Immobilienmärkten.** Die sogenannten *Hedgefonds* mit den berüchtigten »Schneeball-Effekten« und andere sehr unseriöse Methoden bringen die ganze Weltwirtschaft an den Rand eines Kollapses und haben zur Folge, dass Millionen Menschen weltweit ihre Häuser und ihre Ersparnisse verlieren, weil die Verantwortlichen in den Banken sie bewusst falsch beraten haben, weil sie immer noch mehr, stetig steigende Gewinne in Millionenhöhen für sich selbst haben wollten.

Was ist bloß aus der Schöpfung, was ist aus ihrer Krone, dem Menschen, geworden?

Wie konnte es geschehen?

Der Mensch der Moderne verliert nur zu oft die Basis der Lebens, die Moral, wie sie in der alten Überlieferung der Bibel verankert ist, aus den Augen. Traditionelle »alte« Werte, wie etwa Höflichkeit, Wohlwollen, Solidarität, Hilfsbereitschaft und Teilen, scheinen heute kaum noch präsent und interessant zu sein. Viele Menschen verhalten sich heute lieber nicht mehr so, wie sie sollten, damit sie ja nicht verspottet werden, damit man über sie nicht milde lächelt. Das Hemd ist näher als der Mantel, also wozu viele Gedanken? Selbst im Mittelpunkt stehen!

In den letzten Jahrzehnten wurden wir dauernd in allen Medien damit konfrontiert, dass in der Wirklichkeit eigentlich nur der wahre Egoist, der Rücksichtslose und der Dreiste, erfolgreich sein kann.

An die traut sich niemand heran. Sie schaffen alle Hürden. Sie *haben* viel, also *sind* sie wohl wer!

Mag sein, dass diese Sicht überwiegt. Aber sie stimmt nicht. Wie falsch! Wie deprimierend.

Wir haben oft **in den Medien erlebt, dass nur der sicher auftretende, vor Selbstbewusstsein strotzende Mensch vor eine Kamera tritt.** Wie oft werden da sehr merkwürdige, ja zum Teil wirklich dumme und widerliche Auftritte ausgestrahlt! Statt Nachdenklichkeit primitive Prahlerei, statt Bescheidenheit bodenlose Wichtigtuerei. Verständnis für Schwächere – Falschansage: Es wird doch so gern über Missgeschick und Pannen von anderen Menschen gegrölt! Mitleid und Feingefühl sind auch nicht angesagt – es ist doch ach so cool zu sehen, dass es anderen schlecht geht. Kritisieren, schimpfen, verleumden, die Ehre verletzen, das Wort brechen. Oberflächlich unverbindlich sein. Das ist heute vielfach aktuell.

Früher schon hieß es, der Mensch sei dem anderen Menschen ein Wolf. Die Gefahr der massiven Verrohung lauert.

Überall.

In uns Menschen.

Dabei sollten wir alle nach g"ttlichem Plan die wunderbare Aufgabe übernehmen, die herrliche Schöpfung zu verwalten, die Erde zu einem lebenswerten Ort zu gestalten und mit anderen Menschen in brüderlich-schwesterlichen Beziehungen zu leben. Woher wir das denn alles wissen sollen, wie das zu vollbringen sei?

Die *Tora*, das g"ttliche Gesetz, zeigt uns sehr genau den Weg: Güte und Augenmaß der Natur gegenüber, Achtung der artgerechten Lebensrechte von Pflanzen und Tieren, Bewahrung der Schöpfung – mit Hilfe des Wissens um die Ökologie und ihrer Gesetze, denn jeder Raubbau an der Natur rächt sich schwer!

צַעַר בַּעֲלֵי חַיִּים

So etwa **verbietet die *Tora*** von vornherein jede **Grausamkeit den Tieren gegenüber**, wie es der Begriff *Za'ar Ba'alej Chajim* verdeutlicht, denn es ist uns verboten, einem Tier, Lebewesen in unserer Hand, Schmerzen und Leid zuzufügen, weil ein jedes Lebewesen vom Schöpfer liebevoll geschaffen wurde und voll Erbarmen umsorgt wird, siehe z. B. diesbezügliche Äußerungen im Psalm 145 *Aschrej*.

So etwa darf man ein Lasttier des Feindes nicht hilflos unter der zu tragenden Last zusammenbrechen lassen (Ex. 23,5), einem

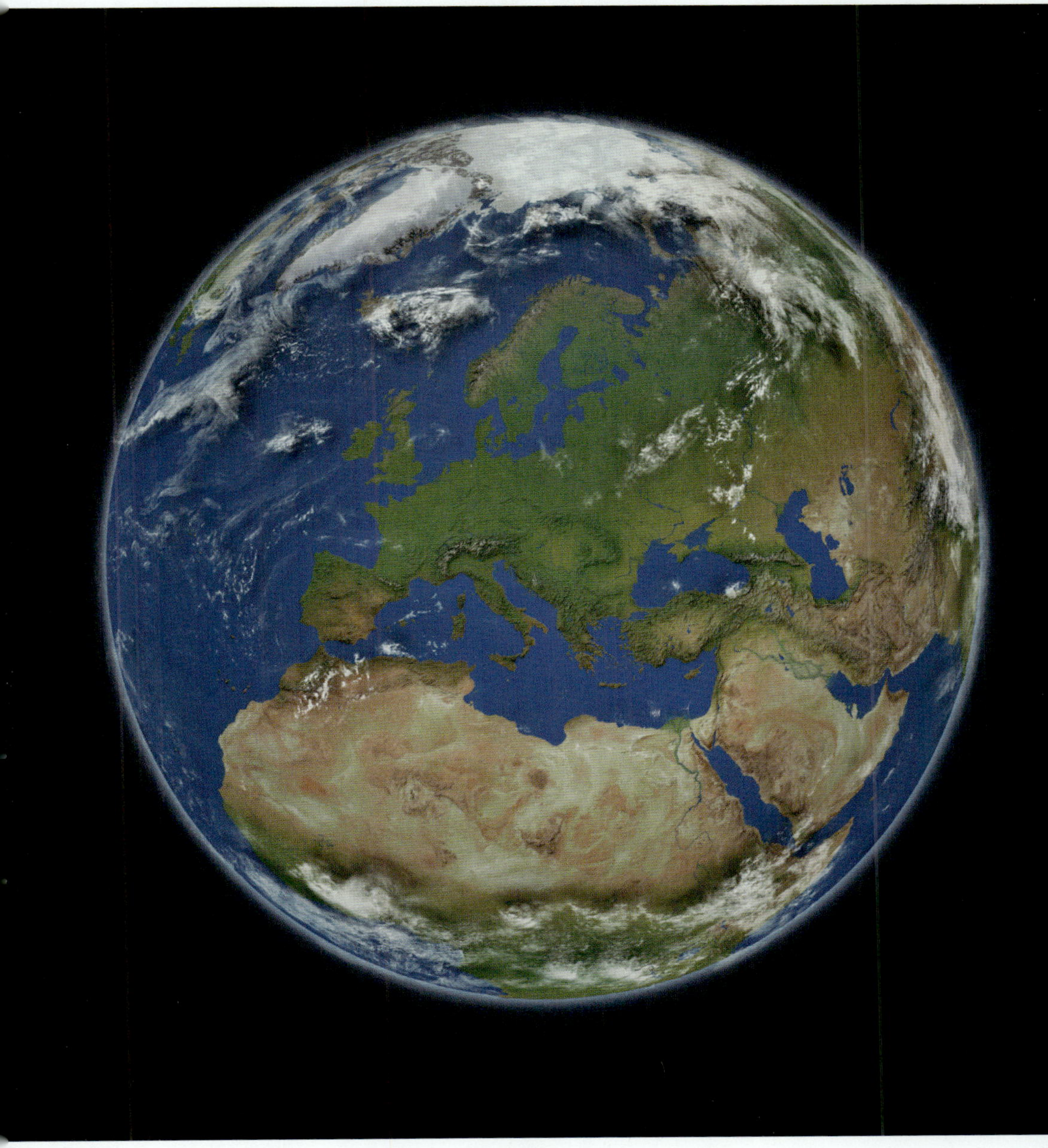

Unser wunderschöner, blauer Planet im unendlichen All.

Glossar

Adon olam Herr der Welt – eines der sehr bekannten Gebete

Akdamut Feiertagshymne für das *Schawu'ot*-Fest

Akedat Jizchak Bindung (Opferung) Isaaks

Akronym Begriff/Name aus ersten Buchstaben jeder Strophe/Zeile

Al Chet großes Sündenbekenntnis am *Jom Kippur*

Alef-Bet-Anordnung alphabetische Reihenfolge

Alejnu leschabe'ach An uns ist es (das Abschlussgebet)

Alija laTora Aufruf zur *Tora*

Almemor – auch Bima Vorlesepult, Ort der *Tora*-Lesung

Am Jissra'el das Volk Israel

Amen – eigentlich AMe"N G"tt ist ein treuer König – bejahend „so sei es“

Amida Zentralgebet

Aramäisch Umgangssprache Babylons, vom Volk übernommen

Arawa Bachweide im *Lulaw* zu *Sukkot*

Arba'a Minim vier Arten des *Lulaw*, des Straußgebindes zu *Sukkot*

Aron haKodesch *Tora*-Schrein

Aschamnu alphabetisches Sündenbekenntnis am *Jom Kippur*

Aschrej der wichtige Psalm 145

Asseret haDibrot die Zehn Gebote, der Dekalog

Asseret haMakot die Zehn Plagen Ägyptens

Asseret Jemej haT'schuwa Zehn Bußtage

Awinu Malkenu sehr berühmtes Gemeinde-Gebet u.a. am *Jom Kippur*

Bame madlikin Womit zünden wir

Barchu-Aufruf Gebetseröffnung vor dem *Schma*

Bar-Mizwa religiös mündiger Junge mit 13 Jahren

Bat-Mizwa religiös mündiges Mädchen mit 12 Jahren

BeEsrat HaSchem mit G"ttes Hilfe – Bekundung des Vertrauens

Bejn Adam laChawero zwischen dem Menschen und seinem Mitmenschen

Bejn Adam laMakom zwischen dem Menschen und dem Überall-Seienden

Bejt haKnesset Synagoge, wörtlich „Haus der Versammlung“

Bejza hartgekochtes Ei – Ritualie der *Seder*-Platte

Bessamim edle Gewürze für die *Hawdala*-Zeremonie

Bima – auch Almemor Vorlesepult, Ort der *Tora*-Lesung

Birkat haBanim Segnen der Kinder

Birkat haChodesch Segen für den Neumond

Birkat haMason Tischgebet

Bnej Jissra'el Kinder Israels

B'racha/B'rachot Segensspruch/Segenssprüche

B'rit Mila Beschneidung eines jüdischen Jungen am 8. Tage nach seiner Geburt

Chag haAviv Frühlingsfest, eines der Namen von *Pessach*

Chala/Chalot Feiertagsbrot/-brote

Chamez Gesäuertes, Verbotenes an *Pessach*

Chanukka 8-tägiges Lichterfest – Tempel-Wiedereinweihung

Charosset „Mörtel“-Masse – Ritualie der *Seder*-Platte

CHaSa"L unsere Weisen/Gelehrten seligen Angedenkens

Chasak, chasak we nitchasek! Sei stark, sei stark, wir wollen uns stärken! Ruf nach der Beendigung der Lesung eines der Bücher der *Tora*

Chasan Kantor/Vorbeter

Chasarat haSCHa"Z Wiederholung durch den Kantor

Chatan Bräutigam

Chatan Bereschit Ehren-Aufruf an *Simchat Tora*, Beginn des 1. B. M.

Chatan Tora Ehren-Aufruf an *Simchat Tora*, Ende des 5. B. M.

Chol haMo'ed Halbfeiertage von *Pessach* und *Sukkot*

Chukat haGoj unjüdische Lebensführung

Chumasch im Haftarot Tora mit Prophetenlesungen (Buchausgabe)

Chupa Traubaldachin bei der Hochzeit und an *Simchat Tora*

Churban haBajit hascheni Zerstörung des Zweiten Tempels

Chuz laArez außerhalb des Landes (Israel)

Dekalog Zehnwort – die Zehn Gebote (griechisch)

Dwar Tora Auslegung der *Tora* – Predigt

Ed Zeuge, s. Text zu *Schma Jissra'el*

Ejn Kelokejnu Niemand ist wie unser G"tt, ein Abschlussgebet

Erew Vorabend eines Festes

Erez Jissra'el das Land Israel

Eschet chajil Tüchtige Hausfrau – Loblied König Salomons

Etrog Zitrusfrucht der *Lulaw*-Zeremonie zu *Sukkot*

Galut Bawel Exilzeit in Babylonien nach dem Fall des Ersten Tempels

Gan Eden Paradies

Gehinom Tal bei Jerusalem, Ort von Menschenopferungen

Geirusch S'farad Vertreibung der Juden aus Spanien und Portugal 1492

Gelila das Zusammenrollen der *Tora* nach der Lesung

Gematrie-Wert Zahlenwert der hebräischen Buchstaben

Gilgamesch-Epos eines der ältesten Mythen der Literaturgeschichte

Gomel-Bentsch'n Danksagung bei Errettung aus einer Gefahr

Hachnassat Orchim Gastfreundschaft

Hadass Myrte im *Lulaw* zu Sukkot

Hadlakat haNerot Kerzenzünden

Haftara Propheten-Lesung

Hagada schel Pessach Erzählbuch über den Auszug aus Ägypten

Hagbaha das Hochheben der *Tora* nach der Lesung

Hagiographen die (heiligen) Schriften, dritter Teil der jüdischen Bibel

HaKadosch baruch Hu der Heilige, gelobt sei Er; eine Bezeichnung G"ttes

Halacha rabbinische Vorschriften des *Tora*-Gesetzes

haLachma anja Brot der Armseligkeit, Name der *Maza*

haMawdil der unterscheidet – Zentralaussage der *Hawdala*

haNoflim die Fallenden

Har Sinai Berg Sinai, Ort der Offenbarung

Har Tawor Berg Tabor

HaSchem der Ewige, respektvoller Name des Ewigen

HaSchem Elokechem Emet „der Ewige, euer G"tt, ist wahr"

Hawdala Unterscheidungszeremonie, Abschluss des *Schabbats*

HKB"H Akronym für *HaKadosch baruch"Hu* – s. oben

Inquisition Glaubensgericht der kath. Kirche, verfolgt Abtrünnige

Jad silberne oder hölzerne Lese-Hand für die *Tora*

Jahrzeit jüdisches Datum des Sterbetages

Jam Ssuf das Schilfmeer

Jamim nora'im Ehrfurchtbare Tage – Hohe Feiertage

Jiskor Gedenken der Verstorbenen, besonders der Eltern

Jom haDin Tag des Gerichts (ein Name der Hohen Feiertage)

Jom haKippurim – Jom Kippur Versöhnungstag, höchster Feiertag des Jahres

Jom haKippurim doche et haSchabbat *Jom Kippur* verdrängt den *Schabbat*

Jom haSikaron Tag des Gedenkens (ein Name für *Rosch haSchana*)

Kabbalat Schabbat *Schabbat*-Eröffnungsgebet am Freitagabend

Kabbalisten jüdische Gelehrte und Mystiker, Lehrer der *Kabbala*

Kaddisch Abschlussgebet, Gebet der Trauernden/Lernenden

Kadosch, kadosch, kadosch heilig, heilig, heilig – Zentralaussage der *Keduscha*

Karpass eine Art Gemüse – Ritualie der *Seder*-Platte

Kaschrut Lehre über erlaubte Nahrungsmittel

Kawana Andacht, andächtige Konzentration

Ke'ara *Seder*platte für rituelle Speisen

Keduscha Heiligung des g"ttlichen Namens in der *Amida*

Kehila, auch Kahal jüdische Gemeinde

K'El Adon al kol haMa'assim eine der *Schabbat*-Hymnen zum Lob des Schöpfers

Ken jehi Razon Möge es Sein Wille sein – Bekundung des Vertrauens

Ken tihje lanu so sei es auch (für) uns – Wunsch aus der *Hawdala*

Keter Tora silberne *Tora*-Krone

Kiddusch Segen des *Schabbats* über Wein

Kiddusch Lewana Gebet zu Ehren des Neumondes

Kohen – Levi – Jissra'el Hierarchien Israels: Priester-Levite-Israelit

Kol Nidrej berühmtes Gebet zu Beginn des *Jom Kippur*

Korban mussaf Zusatzopfer am Schabbat und Fest, heute Gebet

Kos Elijahu haNawi Becher des Propheten Elija

Koss Jajin male der volle Becher Wein, Symbol des Segens und Glücks

Kreationismus Theorie der Weltentstehung, streng nach Bibelvorgaben

Kri'at haTora *Tora*-Lesung, öffentliches Verlesen der Tora-Rolle

Kri'at Schma das Beten/ „Lesen" des *Schma*

K'tuwim Hagiographen, die Schriften der Bibel

Lakachat laRischta in Besitz nehmen (das Gelobte Land)

Lam'naze'ach Eröffnungswort des Psalms 67

Le'echol Maza *Mizwa*, Pflicht des *Pessach*-Festes

Lecha Dodi Hymne zur Begrüßung der Königin *Schabbat*

Lejschew baSukka *Mizwa*/ Pflicht von *Sukkot* – in der *Sukka* zu sitzen

leSchana haba'a biruschalajim! Nächstes Jahr in Jerusalem!

leSchana towa tikatewu möget ihr eingeschrieben werden (ins Buch des Lebens)

Lichwod Schabbat weJom tow zu Ehre des *Schabbats* und des Feiertags

Liturgie Anordnung der Gebete und ritueller Handlungen

Lu'ach jüdischer Kalender

Lulaw Palmzweig des *Arba'a Minim*-Gebindes zu *Sukkot*

Ma'ariw Abendgebet

Machsor/Machsorim Gebetbuch/Gebetbücher für Feiertage

Maftir letzter Aufgerufener zur *Tora* und Haftara

Magen David Davidstern

MaHaRa"L miPrag R. Jehuda Liwa ben Bezalel (1525–1609)

Mej melach Salzwasser, Ritualie der *Seder*-Platte

Maror Bitterkraut – Ritualie der *Seder*-Platte

Marranos spanische Juden, die unter Zwang getauft wurden

Maschi'ach der versprochene Retter Israels und der Welt

Mazot sch'murot besonders hergestellte *Mazot* für den *Seder*-Abend

Me'il Samtkleid der *Tora*-Rolle

Mesusa Behälter mit kleiner Pergamentrolle für den Türrahmen

Mi chamocha baElim HaSchem Wer ist Dir gleich unter den Mächtigen, Ewiger

MideOrajta aus der Schrift, biblische Herkunft

Midrasch rabbinische Auslegung

Mincha Nachmittagsgebet

Minhag Brauch

Mischna konkrete Auslegung der *Mizwot* der *Tora*

Mitpalelim die Betenden

Mizrajim/Mizrim Ägypten/Ägypter

Mizwa religiöse Pflicht

Mizwot asse positive *Mizwot*, Gebote – Du sollst (tun)

Mizwot lo ta'asse negative *Mizwot*, Verbote – Du sollst nicht (tun)

Molad erstmaliges Erscheinen der Mondsichel

Moloch Götze, dem man Menschen geopfert hatte

Mussaf Mittags-Zusatzgebet

Nafla Betulat Jissra'el die Jungfrau Israel ist gefallen/hat gesündigt

Neder Pl. Nedarim, aramäisch *Nidrej* – Gelübde

Ne'ila fünfte, abschließende Gebetsordnung am *Jom Kippur*

Nerot schel Schabbat weJom tow Lichter des *Schabbats* und des Feiertags

Newi'im acharonim die jüngeren Propheten

Newi'im rischonim die älteren Propheten

Ol Malchut Schamajim die Last des himmlischen Jochs – Annahme des Judentums

Ol Mizwot die Last der Gebote

Parascha/Paraschijot Wochenabschnitt/Wochenabschnitte der *Tora*

Paraschat haSchawu'a Wochenabschnitt der *Tora*

Parnassa Lebensunterhalt

Parochet Vorhang des *Tora*-Schreins

Passuk Abschnitt

Pe'a Feldecke – stehen gelassene Ernte für die Armen

Pessach Überschreitungsfest, Fest der ungesäuerten Brote

Pessukej deSimra Lobgesänge, Gebete zu Ehren des Ewigen

Pijut/Pijutim rabbinische Dichtungen

Piku'ach Nefesch Rettung der Seele – Gebot der Lebensrettung

Pirkej Awot Sprüche der Väter – bekannter Abschnitt der *Mischna*

Pote'ach et Jadecha Du öffnest Deine Hand – Zentralaussage von *Aschrej*

Proklamation öffentliche Bekanntmachung oder Bekenntnis

Proselyt ein zum Judentum Übergetretener

Rimon Granatapfel

Rimonim silberne Schmuckaufsätze der *Tora*-Rolle

Rosch Chodesch Neumond, Beginn eines jüdischen Monats

Rosch haSchana Neujahrstag (zweitägig)

Sachor gedenke (des *Schabbat*tages)

Schabbat haMalka Königin *Schabbat*

Schabbat mewarchin Ankündigung des Neumonds am *Schabbat* davor

Schabbat Schabbaton *Schabbat* der *Schabbate*, Name von *Jom Kippur*

Schabbat weJom tow *Schabbat* und Feiertag

Schacharit Morgengebet

SCHaDa"J (Schomer Daltot Jissra'el) Hüter der Tore Israels, eines der Namen des Ewigen

Schalom alejchem Friede sei mit euch – *Schabbat*-Hymne und Gruß

Schalosch Regalim Drei Wanderfeste

Schamor hüte (den *Schabbat*tag)

Schana me'uberet Schaltjahr

Schana towa um'tuka ein gutes und süßes Jahr

Schawu'ot Wochenfest, Fest der Offenbarung am Sinai

SCHa"Z *Schali'ach Zibur* – Kantor, Vorsteher der Beter

Schehakol-B'racha Segensspruch über Saft, Wasser, Bier oder ähnliches

Schehechejanu Segensspruch bei Festen und besonderen Anlässen

Scheni-schlischi-rewi'i-chamischi-schischi-sch'wi'i Aufrufe zur *Tora* (der 2. bis 7. Aufgerufene)

Schirat haJam das Schilfmeer-Lied der Errettung vor den Ägyptern

Schirej haMa'alot Stufenlieder – 15 besondere Psalmen 120–134

Schma Jissra'el Höre Israel – das Glaubensbekenntnis

Sch'mini Azeret der Achte Tag *Sukkot*-Abschlussfest

Schmone essre Achtzehngebet; die Wochentags-*Amida*

Schnej Luchot haAwanim Zwei Steintafeln (des Gesetzes, der Zehn Gebote)

Schnej Luchot haBrit die Zwei Bundestafeln

Schofar/lischmo'a Kol Schofar Widderhorn/ (Pflicht, Schofar zu hören)

Sch'wi'i schel Pessach der Siebte Tag *Pessach*, volles Fest der *Pessach*-Zeit

Seder-Abend rituelle Nacht zu Beginn des Pessach-Festes

Sefer haChajim Buch des Lebens

S'firat haOmer Zählen der 49 Tage zwischen *Pessach* und *Schawu'ot*

Siddur Gebetbuch für *Schabbat* und Wochentage

Simchat Tora Tag der Gesetzesfreude, Abschluss der *Sukkot*-Tage

S'lichot Bittgebete

Sman Cherutenu Zeit unserer Freiheit, Name von *Pessach*

Sman Simchatenu Zeit unserer Freude, Name von *Sukkot*

S'mirot schel Schabbat *Schabbat*-Lieder

Sofer *Tora*-Schreiber

S'ro'a Knochen (Lamm oder Huhn), Ritualie der *Seder*-Platte

Sse'udat mafsseket besondere Mahlzeit vor dem Fasten an *Jom Kippur*

Sukka/Sukkot Laubhütte/Laubhüttenfest

T'fila Gebet; im *Talmud* Begriff für die *Amida*

T'fila leSchalom haMedina Gebet für das Land Israel

T'filat Geschem Gebet um Regen an *Sch'mini Azeret*

T'filat schewa Siebentgebet; die *Schabbat*- und Feiertags-*Amida*

T'schuwa, T'fila weZedaka Umkehr, Gebet und Wohltätigkeit

Ta'anit Fasten

Tachrichim weißes Sterbegewand, jiddisch *Kitl*

Tallit Gebetsmantel

Talmud rabbinisches Auslegungskompendium zur *Tora*

TaNa"CH jüdische Bibel, *Tora*, Propheten, Schriften

Taschlich Neujahrs-Zeremonie des Versenkens der Sünden

Tass Silber-Schild der *Tora*-Rolle

Tefilin schel Jad/schel Rosch Gebetsriemen für den Arm/den Kopf

Tehilim alle 150 Psalmen

Tekija, Teru'a, Schewarim unterschiedliche Töne des *Schofar*

Tikun Olam moralische Vervollkommnung/Besserung der Welt

Tora Fünf Bücher Mose, Gesetz und Geschichte des Volkes

Tora/Torot miSinai Lehre/Lehren vom Sinai – schriftliche und mündliche

Tora schebeal Pe mündliche *Tora (Mischna)*, Grundlage des *Talmud*

Tora schebichtaw schriftliche *Tora* (Fünf Bücher Mose), Grundlage der Bibel

Tre-assar zwölf „kleine" Propheten

Unetane tokef bedeutendes Gebet an den Hohen Feiertagen

Uwa leZijon Go'el wichtiges Gebet u.a. in der *Mincha* am *Schabbat*

Uwschochbecha uwkumecha wenn du dich niederlegst und wenn du aufstehst – im *Schma*

Wajchulu haSchamajim Vollendet waren Himmel … – Beginn des *Kiddusch*

Wega'alti Ich werde euch erlösen – Wort der Befreiung

Weheweti Ich werde euch ins Land führen – Wort der Befreiung

Wehigad'ta leWincha und du wirst deinem Sohne erzählen – Erziehungspflicht

Wehizalti Ich werde euch retten – Wort der Befreiung

Wehozeti Ich werde euch hinausführen – Wort der Befreiung

Welakachti Ich werde Mir euch zum Volk nehmen – Wort der Befreiung

Wescham'ru Hüten sollen sie (den *Schabbat*)

weSot haB'racha Und dies ist der Segen, letzte Lesung aus dem 5. Buch Mose

Wessamachta beChagecha du sollst dich an deinem Feste freuen, *Sukkot*-Gebot

Za'ar Ba'alej Chajim Verbot der Tierquälerei

Zimmes süße Neujahrsspeise – Pflaumen, Möhren und Rosinen

Zizit/Zizijot Schaufäden des Gebetmantels

Zom Fasten

Bibel-Schriften

Chamesch Megilot die Fünf Rollen in der jüdischen Bibel:

Schir haSchirim das Hohelied – Lektüre an *Pessach*

Megilat Ejcha Klagelieder des Jeremia – Lektüre am 9. Aw

Megilat Ester Buch Ester – Lektüre an Purim

Megilat Kohelet Buch Prediger – Lektüre an Sch'mini Azeret

Megilat Rut Buch Rut – Lektüre an Schawu'ot

Daniel-Esra-Nechemja Bibelschriften in aramaisiertem Hebräisch, zeugen von Galut Bawel und Rückkehr nach Israel

Diwrej haJamim alef/bet Chroniken I + II

Jeschajahu – Jirmejahu – Jecheskel Jesaja, Jeremia, Ezechiel, die »drei großen« jüngeren Propheten

K'tuwim Hagiographen, die Schriften der Bibel

Mischlej Sprüche des König Salomo

Newi'im acharonim die jüngeren Propheten

Newi'im rischonim die älteren Propheten

Sefer Bamidbar Numeri, das Vierte Buch Mose

Sefer Bereschit Genesis, das Erste Buch Mose

Sefer D'warim Deuteronomium, das Fünfte Buch Mose

Sefer Ijow Buch Hiob

Sefer Jehoschu'a Buch Josua

Sefer M'lachim alef/bet Buch der Könige I + II

Sefer Sch'mot Exodus, das Zweite Buch Mose

Sefer Sch'mu'el alef/bet Buch Samuel I + II

Sefer Schoftim Buch der Richter

Sefer Tehilim 150 Psalmen des Königs David

Sefer Tora *Tora*-Rolle

Sefer Wajikra Leviticus, das Dritte Buch Mose

TaNa"CH jüdische Bibel, *Tora*, Propheten, Schriften

Tora schebichtaw schriftliche *Tora* (Fünf Bücher Mose), Grundlage der Bibel

Tora Fünf Bücher Mose, Gesetz und Geschichte des Volkes

Tora/Torot miSinai Lehre/Lehren vom Sinai – schriftliche und mündliche

Tre-assar zwölf »kleine« Propheten

Midraschim-Quellen

Die Midraschim, rabbinische Deutungen und Auslegungen, haben für das Judentum eine enorme Bedeutung, da sie uns helfen, oft schwierige biblische Sachverhalte besser zu verstehen. Diese Auslegungen, die das Herz des Lesers ergreifen wollen, beschäftigen sich mit den Fragen der Moral, des Charakters und des Brauchtums. Sie widmen sich in ihrer Vielfalt nicht oft der halachischen, religionsgesetzlichen Rechtsprechung, helfen uns aber, diese besser zu begreifen, da sie uns das religiöse Umfeld der Halacha und die Denkweise der Gelehrten näherbringen.
Die sicherlich bekannteste Quelle bildet der Talmud Bawli, der Babylonische Talmud. Unsere Beispiele der Auslegungen befinden sich zum großen Teil in diesem großartigen Werk unter den standardisierten Abkürzungen. Nach den zwei ersten Buchstaben

bT = babylonischer Talmud

folgt der abgekürzte Name der Massechet, des Traktates, aus dem der Midrasch stammt. Hinter der Abkürzung des Traktates steht immer eine Zahl mit einem Buchstaben, z.B.

62a = Blatt 62 – Vorderseite
oder
12b = Blatt 12 – Rückseite.

Die Traktate stammen aus dem SCHa"S – Schischa Sidrej, den Sechs Ordnungen der Mischna und der Gemara. Mehr darüber werden wir in der 10. Klasse lernen. Dann werden wir auch Beispiele halachischer Entscheidungen kennenlernen.

Die Midraschim in diesem Buch stammen zum Teil aus folgenden Traktaten des Talmud Bawli:

bTBer	B'rachot
bTBK	Baba Kama
bTBM	Baba Mezi'a
bTChag	Chagiga
bTEr	Eruwin
bTKid	Kidduschin
bTJoma	Joma
bTPes	Pessachim
bTRhS	Rosch haSchana
bTSchabb	Schabbat
bTSot	Sota
bTSuk	Sukka
bTTa'an	Ta'anit.

Es gibt noch zwei Begriffe, die erklärt werden sollen:

M	Mischna
Pirkej Awot (PA)	gleichnamige Mischna der Vierten Ordnung Nesikin des bT

Die Mischna ist die älteste Deutung der Gesetzgebung vom Sinai, bekannt als die Tora schebeal Pe, die mündliche Lehre. Pirkej Awot ist das Bekannteste aus dem Talmud überhaupt, weil es sich um die überlieferten Ansichten unserer Gelehrten CHaSa"L handelt. Sie befinden sich auch im Siddur.

Eine andere Gruppe der Midrasch-Literatur bilden die Sammlungen der Kommentare und Auslegungen zum Chumasch, den Fünf Büchern Mose:

BerR	Bereschit Rabba
SchmR	Sch'mot Rabba
WajR	Wajikra Rabba
BamR	Bamidbar Rabba
DwR	D'warim Rabba.

Die nächste Gruppe der Midrasch-Sammlungen bilden die Kommentare zu den Megilot im letzten Teil des TaNa"CH, der jüdischen Bibel:

RuthR	Ruth Rabba
SchirR	Schir haSchirim Rabba
KohR	Kohelet Rabba
EchaR	Echa Rabba
EsthR	Esther Rabba.

Die letzte Gruppe der bekannten Schriften innerhalb der Rabbinica, des rabbinischen Schrifttums, bilden einzelne Sammlungen:

Mech	Mechilta – Auslegungen über Sefer Sch'mot
	Pessikta deRaw Kahana
	Pessikta Rabbati
TanchJelamd	Tanchuma Jelamdenu

Alle Midraschim aus dem Talmud Bawli stammen aus der zwölfbändigen Lazarus Goldschmidt Übersetzung im Jüdischen Verlag Frankfurt am Main, 1. Auflage 1996
(Nachdruck der 2. Auflage von 1967 in Jüdischen Verlag Berlin)

Alle anderen Midraschim stammen aus der Bibliotheca Rabbinica, Olms-Verlag Hildesheim-Zürich-New York 1993, Nachdruck der Ausgabe Leipzig 1880.

Namens- und Ortsregister

Aharon haKohen älterer Bruder von Mosche, der erste Hohepriester

Antijochus Epiphanes IV syro-griechischer Gewaltherrscher über Israel im 2. Jh. v. u. Z.

Awraham Awinu Awraham, unser Vater, der erste Patriarch

Awram urprünglicher Name von *Awraham Awinu*

Awschalom geliebter Sohn *Davids*, der früh starb

Barak einer der Richter, Kämpfer gegen die Philister am Berg *Tawor*

Bat Schewa Ehefrau Uris, später Frau von König *David*

Carissimi, Giaccomo barocker Komponist – z. B. Oratorium Jefta

Daniel-Esra-Nechemja Bibelschriften in aramaisiertem Hebräisch, zeugen von *Galut Bawel* und Rückkehr nach Israel

David haMelech größter König Israels, begründete 997 v. u. Z. Jerusalem

D'wora Richterin und Prophetin, kämpfte mit Barak am Berg Tawor

Esaw älterer Bruder von *Ja'akow*, Jäger

Goljat Stellvertreter der Philister im Kampf gegen *David*

Hagar ägyptische Mutter von *Jischma'el*, Sohn *Awrahams*

Händel, Georg Friedrich barocker Komponist, Oratorium Israel in Ägypten

Haran Ort in Mesopotamien, wo zeitweise *Awraham* lebte

Har Sinai Berg Sinai, Ort der Offenbarung

Ja'akow Awinu Jakob, jüngerer Sohn von *Jizchak Awinu*, dritter Patriarch

Jecheskel haNawi einer der drei großen/jüngeren Propheten

Jefta Kriegsherr in der Richterzeit, versprach Opferung seiner Tochter

Jehoschu'a bin Nun Diener *Mosches*, sein Nachfolger bei der Landnahme Israels

Jeruschalajim Jerusalem

Jeruschalajim Ir haKodesch heilige Stadt Jerusalem

Jeschajahu haNawi einer der drei großen/jüngeren Propheten

Jirmejahu haNawi einer der drei großen/jüngeren Propheten

Jischma'el ältester Sohn Awrahams, Stammvater der Araber

Jizchak Awinu Sohn *Awrahams* und *Sarahs*, zweiter Patriarch

Jona haNawi einer der 12 kleinen Propheten, die Walfisch-Geschichte

K'na'an das Gelobte Land, Erez *Jissra'el*, *Awraham* versprochen

Koresch persischer König, entließ per Dekret Juden aus *Galut Bawel*

Lea Imenu Lea, erste Frau von *Ja'akow Awinu*, dritte Matriarchin

Makkabäer Freiheitskämpfer gegen griechische Tyrannei, 2. Jh. v. u. Z.

Michelangelo Renaissance-Künstlergenie; z. B. David- und Moses-Skulpturen

Mirjam naNewi'a Schwester von *Mosche Rabejnu* und *Aharon haKohen*

Morejnu haRaw Löw auch bekannt als Rabbi Löw

Morija Berg der Opferung Isaaks, später der Tempelberg

Mosche Rabejnu Moses, unser Lehrer; Befreier, Führer des jüdischen Volkes

Natan haNawi Freund und Berater von König *David*

Rachel Imenu Rachel, Lieblingsfrau von *Ja'akow Awinu*, vierte Matriarchin

Rembrandt holländischer barocker Maler – z. B. Opferung Isaaks, Moses

Riwka Imenu Rebeka, Frau von *Jizchak*, zweite Matriarchin

Saraj – Sarah ursprünglicher Name von *Sarah Imenu*, erster Matriarchin

Scha'ul haMelech erster König Israels, Verfolger des jungen *David*

Schlomo haMelech König Salomo, Sohn von *David haMelech* und *Bat Schewa,* Erbauer des Ersten Tempels um ca. 950 v.u.Z

Tawor eigentlich *Har Tawor* Ort großer Kämpfe der Richter *Barak* und *D'wora* gegen die Philister

Terach Vater von *Awraham Awinu,* Götzenanbeter in *Ur-Kasdim*

Urija Ehemann von *Bat Schewa,* starb auf Befehl von König *David*

Ur-Kasdim die Stadt Ur in Chaldäa, Heimat von *Awraham Awinu,* Wohnort von *Terach* und seiner Familie

Bildnachweis

Umschlag, S. 21, 56 *Sharon Bruck, München* | S. 7, 20, 41, 45, 68, 79, 91, 101, 115, 125, 126, 131, 132, 135 *Michaela Rychlá* | S. 25, 84 *Can Stock Photo* | S. 29 *iStock.com/Steven Allan* | S. 33, 57 *Doronia Stuttgart* | S. 36 *Getty Images/Mitch Hrdlicka* | S. 38, 102 *Goldschmidt, Basel* | S. 40 *Michel Setbourn/Corbis* | S. 43 iStock.com/boryak | S. 44, 46 *Stefanie Silber* | S. 52 *Sebastian Henn, Jena* | S. 58, 61, 117, 136, 139 *iStock.com* | S. 59 *Hentrich & Hentrich/Jörn Bohlmann* | S. 60 *fotolia/mushrum* | S. 73 *iStock.com/Liudmila Chernova & Vlad Chernov* | S. 87 *iStock.com/Carly Hennigan* | S. 95 *heic 0715d-L* | S. 99 *Rembrandt, Harmensz van Rijn, bpk-Bildagentur, Berlin* | S. 105 *iStock.com/Steven Allan* | S. 106 *SCM-Verlag, Holzgerlingen* | S. 118 *iStock.com/Karaidel* | S. 127 *fotolia/Gina Sanders* | S. 128 *fotolia/saiko3p* | S. 129 *iStock.com/tomkai* | S. 132 *iStock.com/Vernon Wiley* | S. 133 *iStock.com/GalinaPhoto.*

Bibliographie

Goldschmidt-Pentateuch, Basel 1993.

Machsorim: schel Pessach/Schawu'ot, 1. Auflage, 1999; schel Sukkot 1. Auflage 2000; schel Rosch haSchana 1. Auflage 2002; schel Jom Kippur 1. Auflage 2006.

Siddur Schma Kolenu, 8. Auflage, 2009, Basel.

Impressum

Die Deutsche Nationalbibliothek verzeichnet diese Publikation in der Deutschen Nationalbibliografie; detaillierte Daten sind im Internet über https://portal.dnb.de/ abrufbar.

Hentrich & Hentrich Verlag Berlin
Inh. Dr. Nora Pester
Wilhelmstraße 118, 10963 Berlin
info@hentrichhentrich.de
http://www.hentrichhentrich.de

Grafisches Konzept, Gestaltung: Dr. Ittai Joseph Tamari, München; Michaela Weber, Leipzig (ab Dezember 2015)

Druck: Westermann Druck, Zwickau

Überarbeitete und erweiterte Neuausgabe
1. Auflage 2016

Printed in Germany
ISBN 978-3-95565-133-6